菩提明心 花開見佛

黃逢徵 著

【序】

個人喜愛研讀佛經、聆聽眾法師說法，但長久以來一直對「傳法效率」與「佛理簡易化」一事，深感應有進步空間，佛經浩瀚近千本，佛寺、法師與宗派多如繁星，對一位佛學初學者而言實在難以入門，市面上似乎沒有一本簡易而稍能貫穿融會佛理的書籍可參考，因此，個人遂著手整理自己的讀經筆記，簡化彙整成冊，旨在讓初學者有一本可以一窺佛理全貌的摘要書籍。

本書主要以四聖諦──苦、集、滅、道為主要架構，我們常以為四聖諦是佛陀證悟之後在鹿野苑「初轉法輪」，其實不然，佛陀從出走城門遇見老人、病人、死人，初發心要找尋生老病死這些苦的答案，一直到成佛之後遊行人間傳法45年，都離不開苦、集、滅、道，可以說四聖諦是「初轉法輪」，也是「常轉法輪」，也是「終轉法輪」，這所謂的四聖諦其實就是佛法的中心思想，也是佛法的核心內容：

苦─人生究竟有多少苦？
集─苦產生的原因
滅─苦的止滅-寂靜涅槃
道─如何修行成就苦滅？

所有佛經宣說的主要重點內容，以及為什麼佛陀這樣說，都將精簡摘要在這四個主題架構之下。

菩提明心花開見佛

有鑑於發願菩提道路上的五種不同體悟階段：

一、發心菩提：於無量生死海中，發心求菩提道。
二、伏心菩提：能折諸煩惱，降伏自心。
三、明心菩提：觀三世諸法，本末、總相、別相，能總持不二法
　　　門，擺脫分別與執著，得體悟諸法實相畢竟空。
四、出到菩提：能滅一切煩惱，見一切十方諸佛，得無生法忍，出
　　　三界到薩婆若。
五、無上菩提：能斷一切煩惱習氣，證得阿耨多羅三藐三菩提。

　　本書並無能力探討超過出到菩提、無上菩提的境界，而只能概略敍述佛陀的說法內容，讓初學者簡單認識佛陀與佛經，因此，書名寫為：菩提明心，花開見佛。

　　當然，每一本佛經都有它的主題性與完整性，敍述一段說法旨意，故事與架構鋪陳當然能夠流暢而前後連貫，如果隨意摘取一二句經文集結成冊，難免會支離破碎，失其經文原貌。但考慮對一位初學者而言，先有簡易而容易明白的佛學架構與概念似乎較為重要，否則徘徊於艱澀複雜的佛經門外，空談經書的完整性對佛學的傳遞與交流並無太大意義，因此，本書不在意經文摘要無法表達每本佛經的完整性，亦不從事經文考證，初學者若見到每句經文出處而有興趣深入探究，反而可以針對該佛經更深入去研讀。

　　對一個沒有太多宗教色彩的居士而言，既無皈依、也無茹素，天資、鑽研與慧性都極其有限，膽敢妄稱對佛經概括其意、整理成冊，實出自於社會確實有此需求，現有佛經及相關著作上萬本，如何讀起？因此諸久學先進若有覺得書文膚淺，一笑置之即可，畢竟不能被市場接受的書，它自然會被淘汰，但也或許經過本書之後，更好的、更完整的佛經摘要整理就會現世，嘉惠世人。

筆者寄望讀者在讀完本書之後，能因此深化並提升自己生命與價值的思辨能力，進而擁有的強大心靈安住能量，如果有讀者說，作者真實地還原了佛的智慧，那將會是個人無比的欣慰與喜悅。

黃逢徵

寫於2021年10月

菩提明心花開見佛

目錄

前言

第一章
佛陀的故事

佛陀是佛教的創始人，原姓喬達摩，名悉達多，誕生於公元前600多年前古印度的迦毗羅衛，現今的尼泊爾境內，在佛陀的年代，古印度大致有十六個大國，加上小國林立，有如中國春秋戰國年代，並非是一個統一的帝國，而釋迦族在印度、尼泊爾當時極為繁盛，有10座城市，人口100多萬人，迦毗羅衛城是其中之一，喬達摩悉達多是釋迦族的王子；公元627年玄奘到達迦毗羅衛時，距離佛陀年代已超過1000年，城市早已經是衰敗殘破。

悉達多王子，父親為淨飯王，母親摩耶夫人，在悉達多出生七日後母親即已過世，由姨母摩訶婆闍波提撫養成人，8歲就學，悉達多天資聰慧，文學、哲學、算學、兵法、武術無不精通，與其他同齡的孩子不同之處，就是王子喜歡沉思、默想，19歲時結婚，育有一子羅睺羅，成年後，父王為王子悉達多建了春、夏、冬三幢宮殿，生活富裕，盡享人間優渥生活，而悉達多也從沒出過宮殿。

■ 世尊告諸比丘，自我昔日出家學道。從優遊，從容閑樂，極柔軟來。我在父王悅頭檀家時，為我造作種種宮殿，春殿、夏殿及以冬殿，為我好遊戲故。（中阿含大品柔軟經第一）

🪷 四門遊觀

29歲那年有一天，王子從城東門出遊，遇到一位老人，銀髮佝背、體態衰弱，步履艱難，行立非常不便；另一次王子從南門出遊，遇到一位病人臥躺在糞尿中，極其痛苦而無助，第三次王子改走西門，卻遇到一位死者屍體；這連續三次王子出城門看見老人、病人和各種不幸的人們，讓王子對世界有著很深的困惑與不安，內心產生了強烈的出離心，並且強烈感受到人生無常，這些從未見觸及的思緒一直在悉達多的腦海中反覆出現，悉達多想知道這些痛苦會出現的原因，悉達多王子很希望能幫助他們。

但在困惑不安的同時，王子內心總覺得還有另一種聲音在呼喚，又有一次，悉達多從北門出遊，遇見一位出家的沙門，此比丘儀態平靜、柔順，目不散亂，比丘向悉達多說：「我見在家生老病死，一切無常，皆是敗壞不安之法……」悉達多聽到後，非常驚訝而喜悅，離家之心也油然而升，經過多少次反覆思考後，悉達多深感人生無常，榮華富貴背後的老病死與苦厄，任誰也無法避免，因此29歲那年，悉達多毅然決然地放棄王位和妻子兒子，開始離家四處流浪修行，試圖尋求人們脫離痛苦的方法，這是有史以來第一位對「世間苦難」做根本思考的哲學家，從此，悉達多跨出了人類宗教、哲學、文明史上的一大步。

🪷 離家修行

悉達多離家後先是尋訪了當時古印度的幾位著名學者，跟隨他們學習禪定、斷滅論、靈魂論、數論派、業力論……，企圖從古印度既有婆羅門以及各種修行「理論」中去了解無常與離苦得樂的方法，但最後都徒勞無功，甚至找不到老師可以再提升自己，佛陀認為這些派別理論、智識與修行，都不是究竟圓滿之法，無法根本解決人世苦難。

接著，佛陀改從「道德與身心」層面去修行，古印度人認爲將身體欲望降至最低，透過這樣嚴酷的「苦行」就可以達到「解脫」的境地，此一思想爲當時古印度的很多宗教團體所奉行，因此悉達多開始了六年非常嚴酷的「苦行」：有時終日不語，有時不乞食、或乞食一家、或僅乞食三家……，不論有否能接受到布施，當天都不再乞食，有時一天一夜只進食一次，有時一天只吃一顆棗子或芝麻，有時只吃根莖、不食魚肉，有時甚至吃牛糞、喝牛尿，有時在樹林間生活，有時不避雨季，有時終日站立、沉默、英雄坐，甚至在身上塗泥……。

這樣經過六年極其嚴酷的苦行後，悉達多的身體已是極端虛疲衰弱，瘦到用手接觸摸腹部就可接觸自己的背脊，毛髮脫落，瘦黑如骨，甚至昏倒在地，但這一切都沒有達到眞正覺悟的目的，悉達多太子自知再如何苦行都無益於解脫，「苦行就只是苦行」，根本不能獲得至高無上的眞理，因此悉達多毫不猶豫地走出苦行林，結束了六年苦行。

悉達多走到尼連河中，洗去了身體六年的積垢，接受了牧羊女供養的乳糜，吃了糖煮豆羹、米粥和麥粥，悉達多逐漸恢復了體力，並開始恢復了乞食，接著悉達多渡過尼連禪河，走到迦耶山附近的菩提迦耶，來到了一棵畢缽羅樹下靜坐，他發下了堅強的誓願：若不能證得無上正等正覺，寧願身心粉碎，誓不起座！

🪷 證悟成佛

此時，悉達多開始對人世苦難進行「全面性的思考和觀察」，一個人靜靜地思考了49天，最後終於悟出眞理，豁然覺悟一切法，達到了無上正等正覺。佛陀入四種禪，證得三明，證悟苦集滅道與十二緣起，想通所有存在都是變動與痛苦，而痛苦根源是來自貪婪欲望、愚癡和瞋恨心，人只有重新認識自我，讓內心達到徹底寧靜，回到無爲的清淨心，才能認清欲望，讓痛苦止滅。

菩提明心花開見佛

此時此地的悉達多王子已是35歲，成爲了大徹大悟的佛，證得無上正等正覺，「佛」就是「覺悟」的意思，是對於宇宙生命的成因，徹底明白具足了知，眞正圓滿覺悟的聖者；佛不是神，佛也不是造物者，只要是對宇宙法則、生命、世間事理能夠通曉透徹的人，都稱做佛。

　　佛可以說是人類智慧的一道耀眼曙光，佛的智慧與學說對宇宙和人類社會做了一趟追根究柢的探討，對人類所謂存在、理性、價值、智慧、概念、生命……，佛陀非但有著獨到深刻的理解，並且提出了完整的思辨體系與架構，並在此後的2500年，在人們心識腦海中，有著難以抹去的巨大存在與影響。

❧ 傳播佛法

　　佛陀悟道之後，開始向世人宣說他的珍貴體悟，在鹿野苑佛陀開始了第一次的傳教，爲五比丘宣說「苦集滅道-四聖諦」，開啓了首次的傳法，後來隨著耶舍與四位友人及城中豪族五十人的加入，佛陀弟子的出家僧團逐漸擴張，而耶舍的父母，也成爲了僧團第一位在家居士的優婆塞與優婆夷。很快的舍利弗、目犍連在聽到馬勝比丘說法後，率二百多名弟子加入僧團；迦葉三兄弟也率領一千名弟子加入，佛陀的一千二百五十弟子「常隨衆」儼然成形，有了這群佛陀僧團做骨幹中心，佛法的傳播開始逐漸擴大教化，而在45年的傳法期間，佛陀腳步遍及了古印度各地，尤其是摩揭陀、憍薩羅、拔沙這三國，一直到80歲那年（大約公元前480-486年），佛陀圓寂，傳法的腳步才停了下來，交由弟子們接棒，持續傳承這「以生命的苦惱與解脫爲終極關懷」的偉大使命。

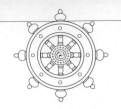

第二章
佛經

　　佛教早期並沒有文字書面經典，僧眾以口語方式傳承教法，尤其是方便頌讀的「偈頌」，文字對仗簡易又有押韻，但對當時一般人甚至對外傳法至其他國家而言，用口語偈頌傳播佛法實不方便，且有語言文字上的障礙與翻譯落差。

❁ 初次集結

　　佛陀80歲那一年，重病發作，最後在拘尸那揭羅城附近的娑羅雙樹下圓寂，佛陀屍體火化後的「舍利」由摩揭陀國王阿闍世和釋迦族等八位國王分別帶回，建造「舍利塔」供奉。

　　在佛陀圓寂的90天後，弟子摩訶迦葉率領五百大阿羅漢，在王舍城外七葉窟集會，合誦出佛陀曾教誨過的經典內容；由持戒第一的優波離誦出「律藏」，全名為《八十誦律大毗尼藏》，由於書中每條戒律都是經過弟子大眾的反覆討論與共同審定而形成，所以等同被視為佛陀所親制的戒律，為後世一切戒律的根本。接著由多聞第一的阿難尊者誦出「經藏」，然後再經過現場佛弟子大眾的反覆確認，編錄集成正式經集，也就是現在的《四阿含經》的起源，被認為是最接近原始佛學的佛典。

　　這雖是佛教的第一次結集，已經集體念頌出佛陀一生說法的概要，但仍是以「口傳偈頌」為主，尚未正式編成「文字經典」，也就是說攝

帶容易與方便閱讀的「文字佛經」此時尚未出現。

❧ 二次集結

　　佛陀圓寂110年後，以耶舍長老為首的700名僧眾，在毗舍離進行第二次結集。此次結集就毗舍離比丘提出的十條戒律展開討論，集會上少數有地位的長老判定當時「十事」為非法。對於這次結集的決定，毗舍離的僧侶頗不信服，於是另舉行約有萬人參加的會議，並判定上述十事為合法，從此，佛教開始了所謂大眾部和上座部的「分裂」，主因是因為對教義的認知與延伸產生了重大歧見，而參加第二次集結的弟子們，距離佛滅已經超過100年，這些人都沒有親身聽過佛陀說法，也無從去詢問，就這樣，每次對教義的認知產生歧見時，門派分裂都會重複發生在佛弟子身上。

❧ 三次集結

　　在佛陀圓寂236年後，古印度進入了孔雀王朝阿育王統治時期，由於阿育王信奉佛教，在雞園寺中供養上萬名出家人，當然其中也有許多非佛教外道，因而經常引起爭端。於是帝須召集1000名僧眾，在華氏城進行了第三次結集，重新整理了《阿含經》，並行之成「文字經典」，這一次是佛教文獻的重要開端，佛陀一生的言傳身教正式有了文字經典可以留傳人世，而佛教也在印度孔雀王朝「阿育王」時代傳遍印度全境，甚至外傳播至斯里蘭卡、金地等地。

❧ 四次集結

　　佛陀圓寂674年後，古印度到了迦膩色迦王統治時期，500名比丘

以世友尊者爲上座，在迦濕彌羅（今克什米爾）舉行了第四次結集，會上對以前所有的經、律、論三藏進行了審議與總結，並對三藏作了注釋，現今的《大毗婆沙論》卽是當年所傳，從此，佛教的三藏：經藏、律藏、論藏才正式完成。

關於釋迦牟尼佛基本的教義，後世衍生出許多不同的見解，但是無論是大乘佛教、部派佛教都同意保存在《阿含經》中的四聖諦、八正道、十二因緣、三十七菩提分法等，是釋迦牟尼最初的教義，也是最沒有異議的佛教核心內容。

🪷 阿含經形成

佛陀是以口講、行遊的方式傳教，雖然他有偉大的感召說服力、教化力，然而在他生前，信徒的數量並不算很大；而《雜阿含經》也不是佛陀直接說教話語的第一手記錄，而是由直接聞聽佛陀教誨的弟子們，根據對佛陀的教誨和記憶，念誦出來的，接著再以背誦的方式，口口相傳。因此《雜阿含經》50卷、1359經，並不完全等同於佛陀的全部思想，但是它是由最接近佛陀的人們，最接近佛陀的年代，留給後人的有關佛陀思想的最原始紀錄確屬正確。

《四阿含經》包括《雜阿含經》、《中阿含經》、《長阿含經》、《增一阿含經》是由最接近佛陀的弟子所集結審定而成，也是理解和探研佛陀一生言行最重要的佛經之一。而《阿含經》從導源於第一次集結，到完整集結成文字經典已是佛滅後236年的第三次結集，期間已歷經200餘年。

🪷 大乘經典形成

初期大乘經主要是由《方等經》發展出來的，相傳大乘佛教經典

的出現與龍樹菩薩有關，龍樹菩薩在參悟了《摩訶衍經》和《方等經》後，創建了中觀學派，並建立了初期大乘佛教理論，開啟了後續許多大乘經典的出世，像《般若經》、《華嚴經》、《法華經》⋯⋯等佛教經典，年代大約在古印度《貴霜王朝》，距離佛陀圓寂年代已經超過500年。

接著後續的大乘經陸續出現，主要年代約公元4至5世紀左右，例如《涅槃經》、《勝鬘經》、《解深密經》、《楞伽經》⋯⋯等等，這些經典距離佛陀圓寂年代更是在大約800年以上。

❧ 密宗三藏形成

密宗是印度佛教的最後形態，以《大日經》和《金剛頂經》為主要經藏，《大日經》形成於公元7世紀的中印度，相傳是大日如來在金剛法界宮為金剛手祕密宣說的佛經。此經主要提及眾生本有的淨菩提心，並包含身、語、意三密方便等密宗基本教義，另外還有曼荼羅、灌頂、護摩、印契、真言等密宗修行方法。

《金剛頂經》則是密宗金剛界的根本大經，相傳共有10萬頌。經文大致闡述了釋迦牟尼佛的終極善性理念，顯示了宇宙真實的密法和密宗修行者的粗、細、微、精、妙諸脈，也闡明了即身成就、生命永恆的密宗要義。

❧ 佛經極其浩瀚繁雜

佛教本來就流派繁多，即使在印度，小乘也有二十部派，大乘之中觀、瑜伽學派，以及金剛乘之密教法門等，更是難以計數。而佛教在傳入中國以後，經典浩繁無比，光是翻譯成漢字的印度佛典就高達了1692部（五千餘卷），重量級譯經大師就有9位：安世高、支婁迦讖、釋道

安、鳩摩羅什、法顯、眞諦、玄奘、不空、宋太祖，而將佛經做大集成的，從東漢朱士行的《漢錄》、東晉時的道安法師的《衆經目錄》、梁武帝的《經目錄》、唐代智昇的《開元釋教錄》……，歷代皆投入大量人力與精力，最後彙編成「藏」的更是可觀，中國可考的就有十餘次，像宋朝及遼金就有八次、元朝二次、明朝五次、清朝三次；國外可考的例如高麗三次、日本八次。

　　到了清朝，完整編輯佛經更是空前大手筆，《乾隆大藏經》史稱《龍藏》，於雍正十三年開工，乾隆三年竣工，全藏724函，全部經版有79,036塊，洋洋灑灑、鉅細靡遺，這都還不包括日本大藏經、藏文系大藏經、滿文系大藏經、西夏文大藏經、蒙古文大藏經……，如此浩瀚繁雜的佛經大乘，絕對都是人類文明史上的「空前鉅作」。

　　但綜上簡述，除了《阿含經》系列源自於「直接聽佛說法的弟子」、「最接近佛陀的年代」所傳頌編輯而成，其他大乘經典系列與密宗系列，則都是「隔代傳承弟子」和「距離佛陀圓寂後很遙遠年代」所完成，在「歷史」加上「地域」、「國別」及「派別」輾轉流傳影響下，佛教經典便經常出現佛理認知有差異的質疑和討論。

　　但佛經編纂者的目的原本是保存佛教經典，將佛陀一生言行的資料與紀錄供後世研習和使用，因此，佛經的研習既無法精通，也難以兼顧，畢竟不同佛經義理各有所述，任何人都難以一窺全貌，筆者也只能憑一己的角度去理解佛教義理，但絕不認爲自己的觀點爲唯一正確；讀者亦然，只能依據自己修行與學習的目的，在不同的人生階段，選擇自己最契合的經典去做心靈的修行與淬鍊，提升自己的內在能量；本書的中心思維是以「最接近佛陀」的《阿含經》義理做中心，但是我們先看這一段有趣的佛經故事：

菩提明心花開見佛

■ 佛告比丘言：「……過去久遠，是閻浮提地有王，名曰鏡面，諷佛要經，智如恒沙。臣民多不誦，帶鎖小書，信螢灼之明，疑日月之遠見，……勅使者，取生盲者皆將詣宮門……，『將去，以象示之。』……，引彼瞽人將之象所，牽手示之。中有持象足者，持尾者，持尾本者，持腹者，持脇者，持背者，持耳者，持頭者，持牙者，持鼻者，瞽人於象所爭之紛紛，各謂『己眞彼非』。……持尾者言如掃箒，持尾本者言如杖，持腹者言如鼓，持脇者言如壁，持背者言如高机，持耳者言如簸箕，持頭者言如魁，持牙者言如角，持鼻者對言：明王！象如大索。……大王！象眞如我言。」（六度集經第8卷89經-鏡面王經）

譯 此篇佛經是「瞎子摸象」的故事，旨在所有「目盲者」皆言『己眞彼非』，事實上每一個瞎子都說了實話，摸到「象尾巴」的人說大象像「掃把」，摸到「肚子」的人說大象像「大鼓」，摸到「象牙」的人說大象像動物的「角」……，大家都堅持並坦言自己說的是眞的，而其他人說的都是假的。

　　這個故事中，確實沒有人說假話，但沒人說出了大象的全貌或眞實相，這也是事實，所以金剛經所言：大象者即非大象，是名大象。每個人都在佛法或佛經上盡力去學習和理解，但未能究竟圓滿之前，我們也都像「瞎子摸象」，從自己觀點而言「絕對是眞」，但未必能「一窺全貌」與完全理解「眞實相」也是事實，佛經或佛法也是如此，所謂佛法者即非佛法，是名佛法，任誰也無法說出佛陀當年說法的全部。

　　另外，以「漢文佛經」翻譯爲例，從中正大學陳淑芬的研究，「梵文」佛經中經常存在著無數的「複合詞」，像最常受人讀誦的《金剛經》就有275個複合詞，但深入比較「鳩摩羅什」和「玄奘」兩種《金剛經》譯本的時候，卻令人驚訝地發現「鳩摩羅什」共有155次沒有翻

【前言】

· 17 ·

譯出梵文複合詞，而「玄奘」只有2次沒有翻譯出梵文複合詞，不僅如此，「玄奘」會很忠實地翻譯出複合詞的前後兩個部分，而「鳩摩羅什」有時會省略前詞或後詞。

　　「玄奘」主張忠實地翻譯原文的結果，尤其必須忠於梵文原典，而「鳩摩羅什」的譯詞就比玄奘「口語化」、「漢化」，讓人嗅不出翻譯的味道，但因爲「鳩摩羅什」文詞章句相對精簡優美，有如詩詞，因此卻也廣爲佛教徒所歡迎，但究竟誰的譯本比較能表現《金剛經》梵文原意，反而較少人在意了。如果最廣爲人所閱讀的漢文「佛經」，在翻譯內容上，都存在此種翻譯背景，那麼完全精確地在字字計較「佛經」的眞實原意，我想更不可能有定論和答案，因此本書就不做鑽研經書的考證。

第三章
佛教

印度佛教的演變

印度佛教可簡單分爲幾個時期：

一、早期印度佛教：從佛陀出家、證悟、傳法、圓寂（約公元前480年）到第二次集結期間，一般稱爲早期印度佛教，也是佛教最單純的時期。

二、部派佛教時期：根據記載，佛教的第二次結集是發生在佛陀圓寂後一百年左右，在這時候，佛教開始分化爲「大衆部」與「上座部」兩大部派，史稱「根本分裂」，從此佛陀教徒對戒律、教義開始有了見解上的差異，然而100年間，兩大部派又再度分化，「大衆部」與「上座部」又各自先後發展成爲各部派，而且部派的數量已超過20種。

三、孔雀帝國阿育王時期：公元前三世紀孔雀王朝的「阿育王」信奉佛教，投入了大量金錢，護送大量僧人到印度各地傳教，並修建了許多佛教寺院和佛塔，這些佛塔都供奉著舍利，阿育王將佛教傳播至印度全境，並向外傳播到斯里蘭卡與緬甸地區。

四、巽伽王朝與印度-希臘王國等時期：佛教典籍記載，此時中印度摩揭陀國的弗沙蜜多羅國王毀滅佛法，加上「三惡王滅法」事件，古印度一面壓制佛教，一面致力復興婆羅門教，佛教進

入低潮時期。

五、大乘佛教時期：貴霜帝國時期是佛教開始發生重大變化的時期，此時佛教分離出「大乘佛教」，傳統「部派佛教」與「大乘佛教」間進行了持久的「大乘非佛說」的爭論，「大乘佛教」則蓄意貶稱以前各部派教義為「小乘佛教」。

六、笈多王朝時期：此時「印度教」開始興起，但「大乘佛教」仍然盛行，社會允許各宗教自由發展，信奉佛教及濕婆派印度教都大有人在。但「大乘佛教」的中心「那爛陀寺」由鳩摩羅笈多一世修建，其後成為笈多文化的學術中心；「笈多王朝」皇帝「帝日王」是印度歷史上實現大一統的帝王，鼎盛時期，「那爛陀寺」每天同時進行有100多場講座，戒賢、智光論師等著名僧侶都在該寺做講師，中國的玄奘法師、義淨法師也都不遠萬里到「那爛陀寺」進修與求法，根據紀載，「那爛陀寺」藏書就多達九百萬卷，常駐僧侶就多達兩萬多人，印度佛教進入了一個空前的盛況。

七、波羅王朝時期：波羅王朝即是對佛教的支持和庇護而聞名；波羅王朝也是最後一個信奉佛教的印度王室。在波羅王朝中後期，印度西部的佛教已經被伊斯蘭教入侵者消滅，只在東印度還得以留存。歷代波羅國王都是虔誠的佛教徒，他們長期耗資建設北印著名的佛教綜合大學「那爛陀寺」和「超戒寺」。佛教經典在「那爛陀寺」得到保存和傳播。另外以研究「密宗」為主的「超戒寺」是波羅王朝國王達摩波羅主持修建的，規模比笈多王朝時修建的那爛陀寺還要盛大。

❧ 印度佛教的滅亡

公元11世紀，在印度波羅王朝末期，伊斯蘭教的突厥人入侵北印

度，當時的北印度已經長期分裂，小國林立，在彼此間曠日持久的戰爭中耗盡國力，也使人民蒙受深重的災難。突厥人在極短的時間內就消滅了大部分北印度國家，建立了印度歷史上第一個伊斯蘭帝國「德里蘇丹國」。伊斯蘭帝國爲了徹底征服印度，一方面駁斥佛教荒謬，強令佛教徒改變信仰，拆毀寺廟，攻陷大小城池，將佛堂廟宇全數搗毀，使印度佛教遭受了完全滅頂之災。

波羅王朝幾座宏偉的佛寺，都在12－13世紀遭穆斯林入侵時期被徹底毀滅，至此，輝煌佛教在印度正式宣告走入歷史。

🪷 南傳佛教

公元十二世紀後佛教在印度本土雖已絕跡，但隨著之前及後續的佛法傳播，佛教的世界版圖反而日益擴大，而佛教也逐漸成爲世界性的宗教；遠在「大衆部」與「上座部」兩大部派相互爭鬥期間，「錫蘭國」皇室選擇了「小乘佛教」的上座部爲國教，小乘佛教就因此逐漸傳播到緬甸、暹羅北部和中部，形成了現今在斯里蘭卡、泰國、緬甸、寮國爲主流的「南傳佛教」格局，但「小乘佛教」有貶低意涵，因此1950年召開的世界佛教徒聯誼會達成明確共識，無論在西方或東方對南傳佛教的正確稱呼應當一律使用「上座部佛教」而不可再稱爲「小乘佛教」。

「上座部佛教」最主要經典爲《阿含經》，是部派佛教依循的根本經典，在巴利三藏中稱爲《尼柯耶》（Nikaya）。

🪷 北傳佛教

佛教經由印度經過中亞，再傳往中國、東北亞一帶，以及由印度傳至西藏的佛教，統稱爲北傳佛教，北傳佛教的共同特色是以「大乘佛教」教義爲中心，而所謂「大乘佛教」乃因佛教後期出現了馬鳴、龍樹

等菩薩，著述了許多大乘佛教經典，逐漸建立和形成了「大乘佛教」統一的思想理論與教義，加上太多的大乘佛經被翻譯成漢文在中國境內流傳，以及漢地本土分支禪宗的大力宣揚，而中國又與當時東亞的朝鮮、日本有著緊密的文化交流，使大乘佛教在東亞逐成為佛教主流教派。

北傳佛教，依地域可分成漢傳佛教、藏傳佛教，多以「大乘佛教」為主流，也有學者主張應將「日本佛教」從漢傳佛教中分出，使得北傳佛教大致分為漢傳佛教、藏傳佛教和日本佛教，但一般而言，漢傳佛教與南傳佛教、藏傳佛教被稱為世上現存的三大佛教傳統。

🪷 漢傳佛教

漢傳佛教以大乘佛教為主流，是目前大乘佛教的主要力量之一，漢傳佛教的宗派以「顯宗」為多，與藏傳佛教之「顯密並重」不同。漢傳佛教和其他各系佛教最大的差別主要是口稱「南無阿彌陀佛」，漢傳佛教的經典、神像、菩薩、素食、戒疤……，南傳佛教都不認同，南傳佛教更無所謂護法菩薩及滿天佛國為崇拜對象的教義，素食和戒疤都是漢傳佛教所獨有，南傳佛教認為這根本不是印度佛教的戒律。

漢傳佛教宗派林立，幾乎從隋唐時期就已經開始，隋唐時期也是漢傳佛教發展的巔峰，當時非但宗派林立超過十宗，往返天竺取經更是絡繹不絕，但經過唐武宗「滅佛」之後，除禪宗、淨土宗之外，大多數宗派都已銷聲匿跡，直至近代才從日本又流傳回來，形成了現今所說的漢傳佛教八大宗派。

漢傳八大宗分別為：三論宗又名法性宗、瑜伽宗又名法相宗、天台宗、賢首宗、華嚴宗、禪宗、淨土宗、律宗以及密宗又名真言宗。簡稱性、相、台、賢、禪、淨、律、密八大宗派，但現今漢傳佛教最大主流還是禪宗與淨土宗。

菩提明心花開見佛

🪷 藏傳佛教

藏傳佛教或稱藏語系佛教，俗稱喇嘛教，是指傳入西藏地區的佛教分支，以「密宗」傳承爲其主要特色，藏傳佛教所傳承戒律是由《根本說一切有部》的三次傳承而形成，藏傳佛教以卷帙浩繁，淵博深奧的藏文文獻著稱，舉世聞名的《甘珠爾》、《丹珠爾》兩大佛學叢書卽是明證。

約在公元十二世紀末十三世紀初，伊斯蘭教繼續侵略印度，摧毀了那爛陀寺及其他寺院，印度佛教正式走入歷史，而當時一些印度密教行者逃亡到尼泊爾、中國西藏等地區，另外開創一片新局面。

公元七世紀中葉，藏王松贊干布先後娶了尼泊爾的「赤尊公主」和唐朝的「文成公主」，也因此皈依了佛教。此後西藏佛教就陸續衍生出寧瑪派、噶舉派、薩迦派、格魯派四大宗別。在八世紀後半葉，藏王赤松德贊迎請印度的「寂護」及其弟子「蓮花戒」進入西藏，建立「桑耶寺」，開啟了藏傳佛教的先端。後「寂護」返回印度，邀請「蓮花生」入藏，加上吸收當地「苯教」的一些內容並傳下密法，從此西藏密教正式開展一千多年的傳承，史稱「紅教」。

北宋年間，馬爾巴創立「噶舉派」，稱爲「白教」，在西藏的佛教歷史中「噶舉派」最早實施「活佛轉世」制度。另外「薩迦派」在公元十一世紀中葉，由「昆貢卻傑布」所創立，第五祖「八思巴曾」曾爲元世祖忽必烈灌頂，並受封爲國師與「大寶法王」，因此在元朝政府支持下，開啟了西藏的「政教合一」。

「格魯派」則於公元十四世紀由「宗喀巴」所創立，俗稱「黃教」。「宗喀巴」因著有《菩提道次第廣論》、《密宗道次第廣論》等著作，廣爲密教行者所修學。清朝時「格魯派」在西藏獨享政教大權，清朝歷代皇帝都非常尊重，公元十七世紀中葉，清世祖冊封「羅桑嘉措」爲「達賴喇嘛」五世，被格魯派行者視爲「轉世法王」的領袖，直

到達賴喇嘛十四世流亡印度，藏傳佛教「政教合一」才正式告終。

「藏文」與記錄佛教經典使用的「梵文」有著緊密的傳承關係，因此從「梵文」翻譯的內容，不論任何詞意，藏語是唯一較能還原梵語的語言文字，藏語文也是唯一完整地記錄自釋迦牟尼佛出世至今兩千多年來，形成和發展的佛教教義、佛教哲學，以及佛教科學的文字，包括「那爛陀」的傳承中，所有的顯、密論典，所有的教義、傳承和方式，也唯有在藏文中才有完整記載和保存。

🪷 日本佛教

日本的佛教在飛鳥時代傳入，並於奈良時代與平安時代開始發展，傳承自漢傳佛教，以大乘佛教為主流，真言宗、法相宗在日本均有傳承。但大多數日本人同時信仰神道教與佛教，且許多的日本人並不太參與宗教組織，只有婚喪喜慶與祭祀等傳統宗教儀式才有參加，但鮮少自認為是佛教徒。奇特的是，雖然沒有高比率的佛教徒信仰，但日本卻有75000座佛教寺院、30萬尊以上的佛像，世界最古老的木造寺院法隆寺、最古老的佛典古文書，都還在日本。日本佛教徒則以淨土宗占大多數，約47%，日蓮宗約21%，禪宗約16%，密教系約12%。

🪷 台灣佛教

日據時代，台灣源自日本佛教的曹洞宗、臨濟宗、淨土宗，但都僅是佛教思想啟蒙的階段而已，談不上完整的漢傳佛教體系，直到1945年，國民政府遷台後，許多中國僧人陸續前往台灣定居，日據時代原以「道教」為主的民間信仰起了很大變化，漢傳大乘佛教在幾十年的積極耕耘下，開始盛行於台灣，由於此時的台灣剛好處於經濟發達、政治鬆綁的高度成長階段，因此，為台灣佛教提供了空前的人力、財力與物

力，不到百年時間，台傳佛教竟變成全球宗教無法忽視的強大力量。

　　在接近百年的拓展與演變下，台灣正式佛教徒統計比率約21％，但卻有多達80％的人口信奉「某種形式」的宗教，尤其是中間摻雜有「佛教信仰因素」的傳統台灣民間信仰或台灣宗教更是主流，特色是「神佛不分」，就「廣義」而言，在台灣佛教已變成最大宗教，這期間台灣佛教發展出幾項特色，和南傳佛教、漢傳佛教、藏傳佛教有著極大的差異化和明顯辨識度。

　　一、信徒人數衆多：由於積極弘法，對未明確表態信徒或受教立場者，也可以用「會員」身分參與，因此，「會員人數」遍及國際、動則百萬稀鬆平常，此點是2500年佛教史上所空前未有的成就，當然，龐大「會員人數」也提供了「資金」上無比充沛的基礎。

　　二、新建佛寺規模宏大：台灣佛教新建的佛寺大都融進了現代建築理念，採用了先進的技術和工藝，體現了各種的訴求與表彰，加上台灣交通方便，短時間都可到達較近佛寺，非常有利於傳法與吸收信衆，此外，由於院寺財力雄厚，卽使都市內也是道場星羅棋布，爲城市佛教信衆廣開方便之門，與傳統佛寺僅興建在深山叢林大異其趣。

　　三、佛學研究與佛經整理鉅細靡遺：台灣佛教在建寺傳法之餘，不餘遺力地在佛經與佛法的整理上，投入了空前且大量的人力與物力，因此佛教三藏經典有了史上最齊全的數位化與完整化的整理，並且能弘揚到世界各地，台灣佛教累積出極爲精深博奧的完整佛教思想，加上寺院各自撰述的佛學典籍浩瀚無比，這種發展速度與成果讓印度、中國及世人始料未及。

　　四、從出世走向入世：台灣佛教傳法方式多元而活潑，所謂「人間佛教」是以走入在家衆爲前提，更積極靠近群衆、貼近社會的信仰需求，在傳法上則使用各種廣播、觀光旅遊、大型法會群

聚、舞台化、公益活動……等等的新佛教傳播方式，逐漸成了新主流，也變成台灣佛教的極大特色。

五、開山祖師占有絕對分量：由於台灣現存的各大名山名寺如法鼓山農禪寺、中台禪寺、佛光山、慈濟、靈鷲山無生道場……，無不都是當代「開山祖師」胼手胝足、一磚一瓦打下的基業，有別於中國佛寺動則千年，新任「住持」不過是名「過客」，很難到達「師父說了算」的地步；而台灣佛寺對「開山祖師」的說法與言行分量也常會「有意無意」地超過了佛陀，除了三不五時的讚嘆外，佛寺裡的出家眾和信徒開口師父說、閉口師父說……已成常態。

六、重視佛教人才培養，弘法手段現代化：台灣佛寺的「經營」大都能利用電視、電台、網際網路、會員、建寺……等現代傳媒弘揚佛法，積極尋求普渡眾生的機會，也因此各自都有一套自我培育人才的辦法和制度，甚至開辦學校，對各種媒體的使用也都相當熟稔，傳法效率與培育人才積極性無庸置疑。

七、志業繁多：台灣佛教更重要的一項特色就是「志業繁多」，對佛法傳承與慈悲喜捨的「實踐」也都有各自獨特的「創新方式」，因此投入不可思議的人力與財力在做的衍生志業也就琳瑯滿目，例如：開設醫院、開辦中學及大學、成立國際型基金會、做環保、收會員費、辦燈會、放煙火、國際救援、護生放生、弱勢關懷、急難救助……，志業內容之廣闊與複雜，卽使舍利佛、須菩提在世，也不得不佩服或傻眼，佛陀沒想到的，台灣佛教都勇敢去嘗試與挑戰。

菩提明心花開見佛

第四章
佛陀走過哪些地方

我們從最接近佛陀的《雜阿含經》中,將佛陀一生言行做一個整理,或許有很多地名已經變更,我們並不熟稔,但依稀可以感受到佛陀這一生的片鱗半爪,畢竟這些僅存的「真實性」,正是建構我們「正信」的堅實基石,來看看佛陀雙腳真實走過那些地方:一時,佛在……

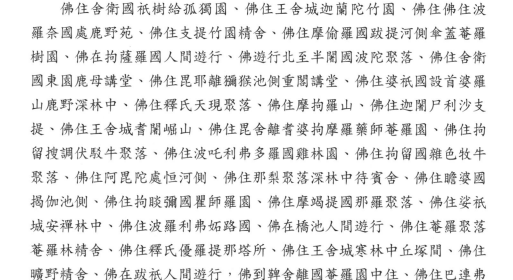

佛住舍衛國祇樹給孤獨園、佛住王舍城迦蘭陀竹園、佛住佛住波羅奈國處鹿野苑、佛住支提竹園精舍、佛住摩偷羅國跋提河側傘蓋菴羅樹園、佛在拘薩羅國人間遊行、佛遊行北至半闍國波陀聚落、佛住舍衛國東園鹿母講堂、佛住毘耶離獼猴池側重閣講堂、佛住婆祇國設首婆羅山鹿野深林中、佛住釋氏天現聚落、佛住摩拘羅山、佛住迦闍尸利沙支提、佛住王舍城耆闍崛山、佛住毘舍離耆婆拘摩羅藥師菴羅園、佛住拘留搜調伏駁牛聚落、佛住波吒利弗多羅國雞林園、佛住拘留國雜色牧牛聚落、佛住阿毘陀處恒河側、佛住那梨聚落深林中待賓舍、佛住瞻婆國揭伽池側、佛住拘睒彌國瞿師羅園、佛住摩竭提國那羅聚落、佛住娑祇城安禪林中、佛住波羅利弗妬路國、佛在橋池人間遊行、佛住菴羅聚落菴羅林精舍、佛住釋氏優羅提那塔所、佛住王舍城寒林中丘塚間、佛住曠野精舍、佛在跋祇人間遊行,佛到鞞舍離國菴羅園中住、佛住巴連弗邑雞林精舍、佛住摩偷羅國跋陀羅河側傘蓋菴羅樹林中、佛住佛住巴連弗邑、佛在力士聚落人間遊行、佛住釋氏黃枕邑、佛住一奢能伽羅林中、佛住迦毘羅越尼拘律樹園中、佛住金剛聚落跋求摩河側薩羅梨林

中、佛住金毘羅聚落金毘林中、佛住跋耆聚落、佛住崩伽闍崩伽耆林中、佛住那梨迦聚落繁耆迦精舍、佛住那羅聚落好衣菴羅園中、佛住那梨聚落深谷精舍、佛住迦毘羅衛國尼拘律園中、佛住王舍城毘富羅山、佛住王舍城毘富羅山側、佛住俱夷那竭國力士生處堅固雙樹林中、佛在跋耆人間遊行、佛住娑枳國安闍那林中、佛住釋氏彌城留利邑夏安居、佛住那梨聚落曲谷精舍、佛住王舍城金師精舍、佛在央瞿多羅國人間遊行、佛住鬱鞞羅聚落尼連禪河側、佛住釋氏石主釋氏聚落、佛住舍衛國迦蘭陀竹園、佛住阿毘闍恒水邊、佛住彌絺羅國菴羅園中、佛住毘舍離國大林精舍、佛住娑羅樹林婆羅門聚落、佛在拘薩羅人間遊行、佛宿於孫陀利河側、佛住拘薩羅人間遊行、佛住孫陀利河側叢林中、佛住止空閑無聚落處、佛住王舍城那伽山側、佛住王舍城金婆羅山金婆羅鬼神住處石室中、佛住摩鳩羅山、佛到阿臈鬼住處夜宿……。

這至少72處都是佛陀落腳之處、說法之處、歇息之處，或在精舍、或在聚落、或在林中、或在水邊、或在山側、或在河側、或在堅固雙樹林中、或在石室中、或在待賓舍、或在樹園、或在重閣講堂、或在池側、或在丘塚間、或在賓園……，以今日眼光回顧佛陀走過處「著實不忍」，一個人為了弘揚一種信念，堅持45年走在各種地方與處所，心靜如水，而且從不輕言放棄，實在令人難以想像。

🪷 佛陀沒有家

古印度人的平均年齡不過40歲左右，以佛陀35歲成佛之後，才展開45年的傳法，這年齡實在已經是當時的「中老年」，這樣接著45年不停息的行走人間，毅力、信念、體力、決心……，實在已經沒有形容詞可以適用；有時候我們也聽聞甚麼人挑戰登山、挑戰長途跋涉、挑戰攀岩……，但那都是「一陣子」的挑戰，一段時間結束後，家中舒服的冷

氣、啤酒、慶祝大餐……早已在家等待，而佛陀沒有家，他終其一生都在挑戰未知與變數，單純只為弘法。

　　這是一個真實的人物，一段真實的故事，這些都是佛陀真實的足跡，記錄著一個擁有超凡生命智慧的人，卻願意放棄一切，將一生走向人群，與他人共享他的智慧與的真實事蹟。有人或許會問，佛陀還有在更多在其他地方顯現神蹟說法之處，個人認為應該沒有必要，如果要增添佛陀的偉大，這些其實「已經足夠」，光是這些足跡，在當今3000年的世界文明史，就無人能與佛陀相比擬，何必再添神蹟來裝飾佛陀。

　　這世上要成功、要有所成就並不困難，但誰能像佛陀這樣，成就之後還自願孤苦艱辛遊走人間45年？佛陀沒有家，佛陀不坐高堂講經說法，佛陀貶抑自己成最低級，讓所有人在沒有比較壓力聽聞佛法。

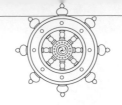

第五章
佛陀向誰說過法

　　那麼佛陀一生又都向誰說法呢？以下就是《雜阿含經》記載所有佛陀曾經說法的真實對象，這其中「佛告諸比丘」，向弟子門說法當然次數最多，以下就是不計次數，只單純回顧受過佛陀親身教誨的聞法對象紀錄：

　　佛向比丘說法、佛向異比丘說法、佛向劫波說法、佛向羅睺羅說法、佛向異比丘三蜜離提說法、佛向五比丘說法、佛向尊者金毘羅說法、佛向尊者難提說法、佛向阿難尊者說法、佛向毘迦多魯迦婆羅門說法、佛向見離車摩訶男說法、佛向有年少婆羅門欝多羅說法、佛向年少婆羅門優波迦說法、佛向年少婆羅門欝闍迦說法、佛向憍慢婆羅門說法、佛向長身婆羅門說法、佛向年少婆羅門僧迦羅說法、佛向生聞婆羅門說法、佛向耕田婆羅豆婆遮婆羅門說法、佛向淨天尊者說法、佛向比丘焰摩迦說法、佛向仙尼外道說法、佛向那拘羅長者說法、佛向西方眾比丘說法、佛向薩遮尼犍子說法、佛向侍者比丘羅陀說法、佛向富留那比丘說法、佛向三彌離提比丘說法、佛向天魔波旬說法、佛向尊者二十億耳說法、佛向舍利弗尊者說法、佛向低舍比丘說法、佛向縈髮目犍連說法、佛向阿支羅迦葉說法、佛向見玷牟留外道出家說法、佛向尊者鹿紐說法、佛向尊者富樓那說法、佛向摩羅迦舅說法、佛向頗求那比丘說法、佛向給孤獨長者說法、佛向尊者跋陀羅比丘說法、佛向天子說法、佛向無煩天子說法、佛向菴羅女說法、佛向尊者欝低迦說法、佛向

異比丘婆醯迦說法、佛向尊者阿那律陀說法、佛向無畏王子說法、佛向迦摩比丘說法、佛向阿梨瑟吒丘名說法、佛向尊者金毘羅說法、佛向尊者跋耆子說法、佛向有善調象師離車難陀說法、佛向難提優婆塞說法、佛向長者梨師達多說法、佛向富蘭那兄弟說法、佛向遮羅周羅那羅聚落主說法、佛向戰鬪活聚落主說法、佛向調馬聚落主說法、佛向兇惡聚落主說法、佛向摩尼珠髻聚落主說法、佛向王頂聚落主說法、佛向竭曇聚落主說法、佛向刀師氏聚落主說法、佛向調馬師聚落主說法、佛向詵陀迦旃延說法、佛向釋種摩訶男說法、佛向釋氏摩訶男說法、佛向沙陀說法、佛向婆蹉種出家說法、佛向有外道出家欝低迦說法、佛向尊者富隣尼說法、佛向爪外道出家說法、佛向外道出家舍羅步說法、佛向外道出家上座說法、佛向外道出家梅陀說法、佛向外道出家補縷低迦說法、佛向外道出家尸婆說法、佛向商主外道出家說法、佛向諸賈客說法、佛向釋提桓因說法、佛向尊者大目揵連說法、佛向鹿住優婆夷說法、佛向尊者婆耆舍說法、佛向巨求那比丘說法、佛向尊者阿濕波誓說法、佛向年少病比丘說法、佛向長壽童子說法、佛向婆藪長者說法、佛向淳陀長者說法、佛向生聞梵志說法、佛向尊者善生說法、佛向尊者難陀說法、佛向尊者低沙說法、佛向尊者毘舍佉般闍梨子說法、佛向上坐比丘說法、佛向尊者僧迦藍說法、佛向摩竭提王瓶沙說法、佛向尊者陀驃摩羅子說法、佛向有央瞿利摩羅賊說法、佛向離車摩訶利說法、佛向釋提桓因說法、佛向釋氏菩提說法、佛向尊者摩訶迦葉說法、佛向波斯匿王說法、佛向年少阿修羅說法、佛向年少賓耆迦婆羅門說法、佛向健罵婆羅豆婆遮婆羅門說法、佛向違義婆羅門說法、佛向不害婆羅門說法、佛向火與婆羅門說法、佛向婆羅門夫婦說法、佛向魔瞿婆羅門說法、佛向持華蓋著舍勒導從婆羅門說法、佛向異婆羅門說法、佛向有婆四吒婆羅門尼說法、佛向毘梨耶婆羅豆婆遮婆羅門說法、佛向天作婆羅門說法、佛向孫陀利河側婆羅門說法、佛向縈髻羅豆婆遮婆羅門說法、佛向梵天王說法、佛向婆句梵天說法、佛向尊者那提伽說法、佛向尊者跋迦梨說法、

佛向拘迦那娑天女說法、佛向瞿迦梨比丘說法、佛向山神天子說法、佛向長勝天子說法、佛向尸毘天子說法、佛向月自在天子說法、佛向闍羅健天子說法、佛向有須深天子說法、佛向赤馬天子說法、佛向外道出家六天子說法、佛向摩伽天子說法、佛向彌耆迦天子說法、佛向陀摩尼天子說法、佛向多羅捷陀天子說法、佛向迦摩天子說法、佛向栴檀天子說法、佛向迦葉天子說法、佛向屈摩夜叉鬼說法、佛向針毛鬼說法、佛向阿臘鬼說法、佛向優波伽吒鬼說法。

　　這就是至少145處有記載可查的佛陀說法對象，當然有些說法對象，並不只一次聽聞佛陀說法，我們不計算次數，也略去無法具體可描述「非在人間處」說法，但可以確定的是，佛陀離家四處流浪修行，試圖尋求人們脫離痛苦的方法，一生只為悟法、只為弘法，始終都在普渡眾生，與人分享他對生命獨到的見解，這些親聞佛陀教誨的紀錄就是絕對的事實與明證。

菩提明心花開見佛

第六章
讀經筆記的架構

🪷 現實存在的需求

任何研習佛經的人，都常會有這樣的思索：

● 現有佛經的分類，是否有簡單架構的客觀依據？

● 佛經彼此間有否相互連貫關係？

● 繁複眾多的佛經，會不會看似理性，一旦一頭栽入，經年累月都跳脫不出來？

● 有沒有客觀的實證基礎，讓人研讀佛經能有更簡易的理解？

佛經與佛教都已歷經二千多年，著述都已如此完備，何需再增一本讀經筆記？但個人覺得當然需要，就是因為現今浩瀚繁雜、論述各異的佛經相關經典或著作，經常讓很多佛學「初學者」卻步，一來不知從何下手，二來像瞎子摸象，三來找不到學佛明確的研習階段與簡易核心。

非但如此，初學者也不知道大約涉獵幾本經書後，可以稍微具備佛學概念，更無法知悉佛教的客觀修學次第，因此，個人深思，還是有其必要有一本：

● 數量濃縮一點、簡單一點的概要書籍

● 較接近佛陀年代教義為主軸的書籍

- ● 整個佛學內容能有個「清楚架構」的書籍
- ● 用現代生活實例講述，讓初學者一聽就懂的書籍
- ● 降低些許比例「出世思維」考量的書籍
- ● 宗教與佛事色彩少一點的書籍

這就是本書編寫目的，讓初學佛的人，一次就有整個佛學的背景與脈絡，在簡單概念整理下，能持續往自己契合的經典去持續學習與修行。

🪷 本書架構

佛陀證悟之後，開始在恆河沿岸地區傳法45年，光從一個人「願意」且「能夠」放棄榮華富貴，承受一生不安全、不穩定、不安居、不樂業，衣食簡陋、一無所有的生涯規劃，到最後卻仍始終不改初心，到底是為甚麼？

佛陀在45年傳法歷程中，所有「願聞其詳」以及「持有異議」的其他古印度婆羅門與信徒，都提出過的這樣的問題：
- ● 你的學說是甚麼？
- ● 你所傳授的是甚麼？
- ● 你所依循的原則是甚麼？

而佛陀這樣宣說：
- ● 我的「法」既非原則，也非人世間的哲學，只是內心純粹的探索與感受。
- ● 從我的「發心」到「證道」，從沒改變，一直都是以「針對人生苦難」為唯一方向，一直都只是「解決人間苦難」的思考與如何滅除之道。

菩提明心花開見佛

● 「苦集滅道」就是我一生所追求、所親歷、所修行、所奉持、所宣說、所依歸。

■ 何等法我一向說耶?此義我一向說:苦、苦集、苦滅、苦滅道跡,我一向說,以何等故,我一向說此?此是義相應,是法相應,是梵行本,趣智、趣覺、趣於涅槃,是故我一向說此。（中阿含經第221經）

✿ 苦集滅道是一切經典的精要

也就是說,佛陀一生所追尋、所覺悟、所說法,都離不開「苦集滅道」這四個主軸:

一、苦,無可避免,苦,如影隨形

二、集,苦之聚集,苦之成因

三、滅,苦之止息,達到和諧圓滿、寂靜涅槃

四、道,解脫之道,離苦得樂、達至真理的修行之道

因此本書即是以此架構來「探索」佛所宣說,「分類」佛經內容,「簡述」佛經義理,「連貫」佛陀的一生所追求,所有「佛已宣說」的內容摘要整理在這四個大主題之中:

【第一篇】苦,人生的痛苦與煩惱

· 人生八大苦

· 內外共後之苦

· 苦壞行如影隨形

【第二篇】集，苦產生的原因
- 我執
- 煩惱貪瞋癡
- 一切有為法
- 業力
- 無明
- 緣生緣滅

【第三篇】滅，常住、安樂、寂靜的涅槃境界
- 諸相非相
- 如來真實義
- 應無所住
- 出離與自在
- 實無有法名為菩薩
- 寂靜涅槃

【第四篇】道，滅苦修行的道跡與次第
- 八正道
- 六度波羅蜜
- 戒定慧
- 出離
- 無上正等正覺
- 他方佛國世界與其他修行法門

苦集滅道是統攝佛陀所說的一切教義，依此架構而展開對人生「痛苦與煩惱」的探尋，除可以避免純屬文字與佛理上的探討外，也能夠觸及實際修行的內容與次第，對追求內心的寧靜與解脫而言，再合適不過。

❧ 四聖諦

　　苦集滅道，也統稱為「四聖諦」，諦，指的是事實、真相的意思，也就是說，苦集滅道是人間四個真實相，欲求解脫、離苦得樂唯一的真實道路，然而這其中還包括涅槃與無上正等正覺的證悟，除非是能達到「如實現證」的「聖者」，一般凡夫子實難以完全探究，因此「四諦」中間還多了一個「聖」字，說明「四聖諦」修行次第仍是有其高標的實踐門檻。

❧ 佛不是神

　　當然，佛陀一生強調，我的道路是「實踐」，並非「原則」或「道理」，我的修行既不可依止，也無法崇拜，如果不自己實際來實踐，那是一無是處。

■ 揭諦揭諦，波羅揭諦，波羅僧揭諦，菩提薩婆訶。（般若波羅蜜多心經）

譯 度過去，度過去，積極地去「經歷」而超越它！大家一起積極地來經歷並且超越它到彼岸去！完完全全地超越它到彼岸去，這就是般若波羅密多圓滿大智慧的全部。

　　也就是說，佛只是覺悟者、覺者的意思，佛是對於宇宙生命的成因，徹底明白具足了知，真正圓滿覺悟的聖者；但學佛不是做追星族，佛並不是「神」，一切眾生本來是佛，都具有佛性，都可以成佛，這也就是為什麼有人常常稱為「佛學」而不完全稱為「佛教」的原因，因為一切眾生都可透過佛法的修持而成佛，一切眾生與佛陀在本性上是沒有差別的，所以佛陀不完全是宗教意義上的「神」。

■ 無一眾生而不具有如來智慧，但以妄想顛倒執著而不證得；若離妄想，一切智、自然智、無礙智則得現前。（大方廣佛華嚴經第51卷）

換句話說，眾生與佛都是平等的，沒有差別，佛不承認「神」的權威，因此本書並不定位在「宗教」，也不探索過多的神通、神蹟，並且也少一點「出世」的主題，讓單純探索人間的「煩惱與苦難」思考成為主要內容。

❀ 書本侷限

但佛學實在是一門內容極其複雜、涉及面極其廣大的理論與體系，任何人窮其一生都無法涉獵一定比率，更何況全盤貫通與理解，個人亦然，像是「瞎子摸象」般，雖無法明確說明佛法真實相，但即使是「部分的描述」或許已經具有其參考價值，因此，本書的侷限性與主觀性是必然，畢竟是凡夫俗子，請大德先進不必在意。

菩提明心花開見佛

第一篇 苦

人生的痛苦與煩惱

從本篇起將從「苦集滅道」四個部分來分別闡述佛所宣說，「苦」是第一個主題，人生痛苦與煩惱的探索與止滅，本就是悉達多王子出家的目的，人間苦難何其多，正是佛心悲憫之源，《法華經》這樣描述人生苦難：

■ 三界無安，猶如火宅，眾苦充滿，甚可怖畏。（法華經譬喻品）

譯 有情眾生所居處的世界，無論是欲界、色界、無色界，都難逃成住壞空、天災人禍的循環，就好像已經發生火災的房子，充滿著各種痛苦煩惱，令人無時無刻不感到膽戰心驚、惶恐不安。

　　那麼人間到底有多少痛苦與煩惱呢？

● 從痛苦的歷程來分，人生大致上有這八種苦：
　　生、老、病、死、親別離、怨憎對、求不得、五陰熾盛

● 從痛苦緣起的性質來分，大致上是這四個類型：
　　內苦、外苦、共苦、後苦

● 從痛苦存在的現象來分，有這三大特性：
　　苦苦、壞苦、行苦

　　芸芸眾生，身心一直被種種痛苦煩惱所逼迫和侵擾，自古皆然，現在就來一一深入探討：人生的痛苦與煩惱，知苦，知苦因，方有機會滅苦。

菩提明心花開見佛

第七章
人生八大苦

　　苦，一般是指苦難、不滿或痛苦，現代醫學上定義為「不如意」（unsatisfaction）或「不完美」（imperfection）的意思。

　　苦，在巴利語是dukkha，和無常一樣，一直像身體癱瘓、像身體被刺、像被人殺害一樣，令人痛苦不堪。

■　「如病，如癰，如刺，如殺；無常，苦，空，非我。」（雜阿含經第10卷）

　　而人生概括分類有這「八苦」，即生苦、老苦、病苦、死苦、愛別離苦、怨憎會苦、求不得苦和五陰熾盛苦。這所謂「人生八大苦」，是直接從痛苦的歷程與直覺就可以觀察出來的。

■　云何苦聖諦？謂生苦、老苦、病苦、死苦、怨憎會苦、愛別離苦、所求不得苦，略五盛陰苦。（中阿含經分別聖諦經）
■　閻浮車問舍利弗：「所謂苦者，云何為苦？」舍利弗言：「苦者，謂生苦、老苦、病苦、死苦、恩愛別離苦、怨憎會苦、所求不得苦、略說五受陰苦，是名為苦。」（雜阿含經第490經）

🪷 生之苦

生之苦隱含著兩大過程：

一、懷孕與出生：嬰兒從受孕開始，母親身體和心靈開始起了變化，營養、安全與擔憂、焦慮，在懷胎十月之中從不會停止，而生產過程之痛更是人體所有疼痛最高點。

二、生命之期：出生之後，需要日夜不停的覓食與進食，無論貧富貴賤都無法避免，無論卵生、胎生……新陳代謝過程終生相隨，絕不能中斷，而且身為文明禮教的人類，排泄還要兼顧隱密性，一個平均80歲的人生，將近3萬個日子的三餐與排泄，雖名之為「生活」，進食與排泄卻是生命最深層本質的唯一內容，這種不可避免的「辛苦」，幾乎可以讓人生意義、生命價值、尊嚴、燦爛、美麗、成就……沉默禁聲，莫敢挑釁。

有了生命，除了不停的進食之外，呼吸與睡眠就有如黑白無常，隨侍在側，它們用一種奇特的眼神緊緊對你注視著，而且有意無意地暗示你，嫌棄的話我會「立即收回」，如果你還不敬畏的話，生命中還有太多太多指標在恐嚇你：血壓、血糖、膽固醇、腫瘤、骨質疏鬆、尿酸、發炎、硬塊、流行病……，常聽人說：人民有免於恐懼之自由，我看未必是真。

為了長期維繫生命的安全與穩定，人還必須住在自己的「房舍」中，而生命原始之初並沒有附帶房產，但生命之苦卻因維繫房產而「備感辛苦」或「倍感辛苦」，尤其是人，想擁有一個「小小窩居」，比起所有有情眾生都要來得辛苦，螞蟻、小鳥、蟋蟀、田鼠、溪蝦、魚……要找個窩居，甚至根本不必有家，都不會那麼辛苦，只有人在找屋、購屋會那麼累人，這些都是生之苦。

而生之苦，在有生之年，永無止息之日。

菩提明心花開見佛

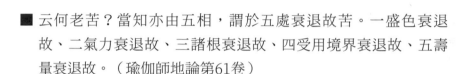 老之苦

　　有了生命，生命就有變老的一天，人從童幼年、青年、壯年……逐步走入中年，「無聲無息」，中年就沒了，生命開始進入了晚年，身體的皮膚逐漸褶皺，毛髮斑白，身體四肢與各器官的功能逐漸退化失靈，生理機能開始下降，身心也進入「無端恐懼」的時期。

■ 云何老苦？當知亦由五相，謂於五處衰退故苦。一盛色衰退　　故、二氣力衰退故、三諸根衰退故、四受用境界衰退故、五壽　　量衰退故。（瑜伽師地論第61卷）

　　人的老苦，無法預知和感受，不是青年人、壯年人所能理解的，因為無從模擬，也不是中年人所能深切體會，是完全無法預測的感受，無聲無息，一個再平常不過的日子，就從那天起，牙齒退化了，膝蓋開始有點疼痛，醫生說你血壓太高了，爬山沒力道了，皺紋多了許多，夜裡失眠增多了，記性愈來愈差了……，都是老化的痛苦，「無聲無息」的突然發生在一個再平常不過的日子，然後就是一次又一次「再也回不去」的身心新狀態。

■ 眾生老時，頭白齒落，盛壯日衰，身曲腳戾，拄杖而行，肌縮　　皮弛，諸根遲鈍，顏色醜惡，身心皆受極大之苦楚，是為老　　苦。（中阿含經分別聖諦經）

　　老苦，帶給人的是「身心俱苦」，身體的不便與功能降低已經令人沮喪，但「心理」的「自信流失」才是恐怖，一旦老化蠶食進逼時，心理一定會產生排斥與抗拒、恐懼與掙扎，忽視與裝作若無其事是經常可見，尤其現代工商業社會，子女遠去他方各組家庭，老之苦更是籠罩在

「孤獨無依」的巨網之下，情何以堪，關懷與問候既不真實而且少之又少，但又能奈何？

筆者見過多少富人或頗有成就的人，無不寄盼能用「億萬家產」換取「年輕十歲」，八十歲的希望能回到七十歲，七十歲的希望能回到六十歲，六十歲的希望能回到五十歲……，雖然只是「年輕十歲」，殊不知太多太多的事，「老了十歲」，太多事以前可以，現在就是無法再做了，爬山、打球、長途旅行、閱讀、演說、唱歌、喝酒、體力勞動、跳躍、稍長時間工作……無不如此。

老之苦，用一種「你沒用了」、「你不行了」在澆熄你的生命能量，面對青春失去，美麗不再，若沒有一定自在的般若智慧，「老之苦」肯定會啃食你的生命信心，這些都還是假設在沒有失智、癱瘓……生命實質功能尚未流失的情況喔，如果更老化時不幸行動不變，抑或需要插管、氣切、排泄失禁，那更是苦之極致。

🪷 病之苦

大自然界的有情眾生多半能獨立生存與生活，也必須自己能夠獨立生存，蚊子、猴子、螃蟹、榕樹、水鹿、羚羊……皆然，而群居的人類卻已經完全失去獨自生活的能力，因為現代人已經無法獨力找到或製造水、電、瓦斯……的生活資源，因此，身體自我療癒與適應的功能也愈來愈差，還好現代醫藥技術補足了這一塊。

雖然這樣，但從出生開始，人一大堆的疾病就從未停止過，麻疹、水痘、腦炎、感冒、蛀牙、胃痛、外傷、腸道發炎、新冠肺炎……，進入中年後，慢性病更是緊迫跟隨，肥胖、糖尿病、心腦血管病變、癌症、癡呆、健忘、關節退化、脊椎盤突出、眼疾、神經衰弱、精神分裂、憂鬱症……，非但威脅生命的健康延續，更進而產生令人難受的痛苦，「病之苦」是極苦、極不便。

菩提明心花開見佛

■ 世尊告諸比丘：「若無常色有常者，彼色不應有病、有苦，……以色無常故，於色有病，有苦生。」（雜阿含經第86經）

譯 世尊說：「人處世間，萬事萬物都無法恆常不變，如果萬事萬物都能恆常不變，那我們人體就跟當初一樣，怎會生病呢？怎會有痛苦？就是因為人世無常，萬事萬物都一直會變動，因此，我們身體才會感受到生病以及生病的苦。」

生命最恐怖的「變動」之一，就是「突如起來」的病痛，而且這病痛如果是「不可逆」而無法治癒的時候，生命就會進入另一個「轉折」，像中風、心血管阻塞、關節病變、糖尿病、癌症……，從此，非但身體要開始接受一次長期苦痛的折磨，心理更是遭受到一記沉痛的打擊，自己與家人都會感到難過和痛苦，有錢、沒錢，都沒有用，伴隨著病苦，有時候會把人折磨得不像人樣，如果病到不能飲食、處處須人扶持、排泄不能自主……，那「病之苦」比「死之苦」還更令人難受。

🪷 死之苦

死亡，是人生的必經歷程，所有一切六道輪迴有情眾生，終將面臨死亡，無可避免。

■ 佛言：「一切眾生，一切虫，一切神，生者輒死，終歸窮盡，無有一生而不死者。……一切眾生類，有命終歸死，各隨業所趣，善惡果自受。」（雜阿含經第46卷）

然而死亡本身，並無所謂痛苦，當死亡發生，所有感官、知覺都已停止運作，無法再感受任何色、聲、香、味、觸、法，當然無所謂痛

苦，但死亡之前的壓力卻會給活著的人帶來的無比的恐懼，這種恐懼、這種苦遠遠超過死亡本身。

一個人奮鬥一生的結果，總是會擁有一些「我所」，例如名譽、地位、財富、房產、樹栽、股票、珠玉寶飾、收藏、親人、家庭、愛人、朋友……，以及進行中、待完成的工作與心願，如今「壯志未酬身先死」，所有的一切都將與自己完全無關，要保持心平氣和談何容易。

這種「對死亡恐懼」包含著許多：不再自由、孤獨、無意義感、生命功能喪失、契約完全終止、被遺棄、未知、地獄、虛無、黑暗、陰沉、遺憾、哀傷、迷惘……等各式各樣的「終極意念型態」，而對死亡的苦，就是來自於對這些意念的一種「自我防衛」，這種防衛充斥著一大片悲傷、憂慮和絕望的景象，是一種極其強烈而且延續不止的恐懼與憂慮，也因為一般人會對死亡之苦產生焦慮，因此對於討論與死亡有關的事，也會變得比較禁聲與膽怯。

「死亡之苦」之所以令人心驚膽寒，是完全沒有「討價還價」的餘地，有一次波斯匿王最敬愛的祖母死了，佛陀問他：「極愛重敬念祖親耶？」波斯匿王竟願意以捨棄所有象群、馬隊、所有金銀財寶，甚至連國王王位都可以給他，只要有人能救祖母一命。

> ■ 波斯匿王白佛：「世尊！極敬重愛戀。世尊！若國土所有象馬七寶，乃至國位，悉持與人，能救祖母命者，悉當與之。既不能救，生死長辭，悲戀憂苦，不自堪勝！」（雜阿含經第46卷）

即便如此，還是只能生死長辭，留下滿滿的憂傷與痛苦，這就是「死亡之苦」的可怖；雖然在生命之中唯一可以確定的就只有死亡，但「死亡之苦」無疑是生命的終極殺手，無從迴避，也無能為力，色受想行識都只能靜默臣服，無形、無味、無色，但其苦無比。

以上老、病、死三種苦，正是世人所厭惡，極不喜愛，而諸佛菩薩

之所以現世人間，也是因爲人間有這三種苦，世尊才持續說法集、滅、道，應對人生八大苦的解決之道。

■ 如是我聞：一時，佛住舍衛國祇樹給孤獨園。

時，波斯匿王獨靜思惟，作是念：「此有三法，一切世間所不愛念。何等爲三？謂老、病、死。如是三法，一切世間所不愛念。若無此三法世間所不愛者，諸佛世尊不出於世，世間亦不知有諸佛如來所覺知法爲人廣說。……」

波斯匿王作是念已，來詣佛所，稽首佛足，退坐一面。以其所念，廣白世尊。

佛告波斯匿王：「如是，大王！如是，大王！此有三法，世間所不愛念，謂老、病、死，乃至世間知有如來所覺知法爲人廣說。」（雜阿含經第46卷）

🪷 親別離之苦

世間常有這樣一說：人「情感」中的最大苦事，莫過於「生離死別」，中年喪偶，老年喪子，固然也會痛苦萬分，但這些都是不得不接受的「死別」，唯獨「生離」，或因工作所需必須遠離家鄉，或迫於環境必須搬遷，或遇兵役義務必須遠赴他地……這時與自己親人、愛人分開，這種熟悉感、安全感、溫馨感的喪失，當然是會造成「心苦」，心中會有孤寂、失去、圓滿不再的感覺，在人生八大苦中，生、老、病、死是身苦所「引發」，而親別離、怨憎對、求不得則純粹是「心苦」。

■ 世尊告長者曰：「何故顏貌不悅，諸根錯亂？」

爾時，長者報瞿曇曰：「焉得不爾。所以然者，我今唯有一

子，捨我無常。甚愛敬念，未曾離目前；哀愍彼子，故令我生狂。我今問沙門，見我兒耶？」

世尊告曰：「如是，長者！如汝所問，生、老、病、死，世之常法；恩愛離苦、怨憎會苦，子捨汝無常，豈得不念乎。」（增壹阿含經第6卷）

　　這是《增壹阿含經》提到過的這麼一個例子，長者有一位非常寵愛的獨子，從未曾離開過他的視線，如今離他而去，怎麼會不思念呢？當然披頭散髮，逢人就問：「有沒有看到他兒子？」諸根錯亂。

■ 恩愛合會，必有別離。（過去現在因果經）

　　然而，親別離之苦，緣自於「愛」，人只要有了「愛」，憂、悲、惱、苦、愁就會「跟隨愛而生」，「跟隨愛而起」，愛有多深，伴隨的憂悲惱苦愁就有多深，不管是對家人之愛、朋友之愛、同事之愛、鄰居之愛、戀情之愛、同學之愛、寵物之愛、庭園之愛……，只要有愛，一到離別時候，憂悲惱苦愁就會出現，為他擔憂、為他悲傷、為他煩惱、為他苦悶、為他愁緒滿懷，心糾結成一團，難以快樂。

■ 世尊告曰：「如是，梵志！如是，梵志！若愛生時，便生愁慼、啼哭、憂苦、煩惋、懊惱。」（中阿含經第60卷）

　　世人對於自己所喜歡的人，無不希望長相廝守，永不分離，但因緣際會，緣生緣滅，緣分盡了，只能「生離異地」剩下一縷相思，憂苦滿懷。有時就連在公司的同事也會有此情結，緣生緣滅，平常與你合的來、聊得開的同事，就偏偏被調到別的單位，甚至被資遣或申請退休；街頭你喜愛的店家小妹、最常去的診所、最愛的小吃店老闆、看的最順

菩提明心花開見佛

眼的管理員、最喜歡的外勞、最喜歡的孩童老師……，經常無聲無息就
「緣盡於此」，這都是「親別離之苦」。

怨憎對之苦

怨憎會苦是指對自己所不喜歡的人，討厭之人，不願意和他相處的
人，偏偏就事與願違，就是必須和他（她）相聚在一起、工作再一起、
生活再一起，因此令人感到痛苦不堪，這種痛苦就是怨憎會苦。上一段
「親別離苦」是指相親相愛的人，就是因故要分離，而怨憎對苦卻剛剛
好相反，相怨相憎的人又被安排在一起，這種痛苦，實是令人非常難熬
的「心苦」。

怨憎對苦的「對象」非常多，要離不離的冤家夫妻、處處刁難的頂
頭上司、成天搬弄是非的同事、水火不容的婆媳、背叛的情侶、無所事
事的小叔或妯娌、怪裡怪氣的鄰居、要求嚴格關係緊張的父子與母女、
利害衝突的股東、無俚頭的網友……，所謂「不是冤家不聚頭」，面對
無緣的憎怨對象，當然是感覺對方面目可憎、語言乏味、兩不相容、欺
人太甚、偏袒明顯、蓄意攻訐……，反正就是一段「惡緣」，好想脫離
但卻離不了。

有首詩偈這樣寫：「怨憎相會苦特殊，冤家夫婦最痛苦，雙方專找
不是處，朝暮吵鬧動文武。」這是憎怨雙方都會有的反應：專找對方不
是處，朝暮吵鬧動文武。

一旦怨憎相對，從「怨」的累積到「憎惡」，甚至日久積怨成仇、
積怨成恨，都是意料之中的事，難怪瞋毒、瞋恚被稱為貪瞋癡「三毒」
中的「最毒」，而怨憎相對就是人開始有了恚忿之心，對自身心境開始
種起了「瞋恨」之樹，「怨憎樹」在心中發芽、在心中生枝、在心中長
葉、在心中盤根，直至「怨憎」長成「瞋恨大樹」，到那時，就再也無
法根除了，所謂：「我見結怨人，盡被怨折磨。」正是此怨憎對苦。

在《大愛道比丘尼經》中，提到女人有「八十四態」，其中第53態爲「憎人態」，是說女人對於勝過自己的人，有時會產生極端憎恨，不但嫉妒，甚至還常希望他早點死，可見憎恨之毒演變至極端，確實非常可怕。

■ 女人憎人勝己，欲令早死，是五十三態。（大愛道比丘尼經）

當然，不是女人才會這樣，古印度社會限制女人除了持家以外的「價值創造」活動，因此無法掌握經濟與生活權利，在女人長期不受尊重之下，當然心理會有各種反應，如果換作武則天當家，女企業強人、女主管、女性專業者主持公司大計，男人八十四態也會因此而產生，但對極端對立、極端競爭、極端傷害……在自己身上發生時，憎恨之心也一定會極端表現，男女皆然。

因爲「怨憎對苦」即容易引發三毒中「瞋恨心」，因此學佛的人無不戒慎恐懼，經常提醒，此苦非苦而是「毒」，不得不正視，甚至有些人一看到宿敵，他自己就露出很明顯憎恨厭惡的表情。怨氣、憎恨、仇恨，其實就像「長期給自己吃毒藥」，一天吃一粒，睡前再增加一粒，好讓人在睡前不斷在憎怨對方，憎怨的人雖然都希望對方有一天會受到報應、受到傷害，但最後中毒而死的人卻只有自己，因爲每天吃怨憎毒藥的人是你自己，而不是被你怨憎的對方，而對方甚至根本不知道你在憎恨他。

■ 瞋者，於苦、苦具，憎恚爲性，能障無瞋，不安穩性，惡行所依爲業。（成唯識論）
■ 往昔所造諸惡業，皆由無始貪瞋癡，從身語意之所生，一切我今皆懺悔。（華嚴經）

🪷 求不得之苦

想要，要不到；想求，求不得，這是人生的另一種苦，人生不如意總八九，而「事與願違」的無奈，總是會在生命的旅程中，一直存在著，而且貧富貴賤、男女老少都一視同仁，「生命不會朝著你想要的方向前進」才是人生智慧。

每個人要求的東西都是很多很多，松鼠只求一個小洞穴圖溫飽，松鼠五蘊中也只有簡單的「覓食求偶」和「反應」，但人的思緒與心識卻因為「受」的關係、「被教育」的關係，平白多出太多太多與生命無關的名詞，困擾終生而了不可得。

生命之初本就是需要「維生」，萬般有情衆生皆然，但人在三餐張羅時，千萬種食物與餐費在「金錢」的需求程度上，產生了「級距」思維，有所「受」就有所「想」，有所「想」、有所「求」就開始有所「行」，但當「還另有所求」的意念一直長期存在時，生命無論際遇為何，總是圍繞在「還有東西想嚐嚐」，「還有更好沒吃過」，「還有願望想追求」……，從此就把生命從一片美麗「大草原」拉進一個「大天坑」，無論怎樣都還未滿足，無論怎樣都還是「另有所求」，也就是說，在「多欲」為前提下，生命已永遠沒有「圓滿」的一天。

■ 多欲為苦，生死疲勞，從貪欲起，少欲無為。……身心自在，
心無厭足，唯得多求，增長罪惡。（佛說八大人覺經）

這所謂「多欲為苦」，就是「求不得苦」，第一個願望滿足了，第二個願望又生起，第二個願望滿足了，第三個願望又生起，誰會覺得自己一切滿足了呢？尤其在商業掛帥的時代，各式各類的「廣告」不斷地教育人們：這是最新的產品、這是新奇美味、你一定要嚐嚐、這就是美好、這就是幸福、這才是成就……，當「廣告」在引導生命進行方向，

當「誤導」完全被合法化時，「求不得苦」對生命的「不可能圓滿」建構了難以撼動的基礎。

這還只是張羅三餐的飲食，除此之外的「求不得苦」還有：買不完的衣服、買不完的包包、買不完的鞋子、買不完的化妝品、買不完的手機、買不完的健康食品、買不完的筆電、換不停的汽車與機車、買不起的房子、需要完成的全球走透透……，一個人「受」的愈多，就「想」的愈多，「求不得苦」就愈多，生命也就永遠不能「圓滿與幸福」，不是生命真的無法「圓滿與幸福」，而是你的「還有所求」讓你踏入無底深淵，永遠也不滿足，永遠也不感恩已經有的一切，永遠也不可能「圓滿與幸福」。

但有形的物質追求還不是「求不得苦」的重心，一大堆無形的「求不得」才更會苦煞人的一生，例如學歷的追求、成名的追求、工作職位的追求、榮譽的追求、社會地位的追求、權勢的追求、愛情的追求、體態健美的追求、旅遊的追求、爬山健行的追求、遊戲的追求、利益的追求……，求不到的話，痛苦伴隨產生，「求的越多，痛苦就越多」，「求不得苦」的痛苦是難以形容的，「求不得」會欺騙你：「也未必沒希望」，讓你若有所想，魂不守身，這都是求不得苦的寫照。

世人表面上說：命中有時終須有，命中無時總是無；但人生的痛苦就是，誰來教大家：求不得苦會「欺騙你」，求不得苦其實比病痛還可怕，求不得苦是在「吸食迷幻藥」，「未必沒希望」是一個陷阱，是一個天坑，「繼續求」是有必要的，「繼續作夢」是有必要的，天洞裡面一定有東西……，這就是人生八大苦中，另一個笑面毒藥，看似無害，卻讓人生命永不得圓滿，因為求到了，很快又有一個新的「求不得苦」帶著笑臉和美好在向你揮手，只有心懷滿足的人才能感受世間一切的美好。

菩提明心花開見佛

❧ 五陰熾盛之苦

　　五陰是指五蘊的意思，所謂五蘊，就是色蘊、受蘊、想蘊、行蘊、識蘊等五蘊，那甚麼是蘊呢？蘊就是「聚集」，五蘊就是五種因素的聚集；我們的身心本就是色、受、想、行、識的聚集，而前面人生七種苦都是由身心而起，而五陰熾盛等於這五蘊「交叉又重疊」，如同「火上加油」，使因五蘊產生的身心痛苦如火之熾燃，更加劇烈，更加旺盛。

　　我們先把五蘊拆開來做簡單的分析：

一、色：thing 的意思，一切世間我們所看到、聽到、學到的「事」與「物」都叫做色，人出生、成長、生活在各種不同的「環境」、不同的人、事、物質，都是不同的「色」境。

二、受：就是因為所有人的因緣都不同，所以碰到的色境當然會不同，有人生在唐朝，有人一出生就碰到戰亂，有人活在先進國家或富裕家庭，有人終生都在與貧窮戰鬥……，這些都是碰到的「色境」不同，「色境」不同受到家庭、學校、社會、網路……的教育也不一樣，產生的反應當然更不會一樣，生命和生活的內容、價值觀也不一樣，也就是「受」的感覺會不一樣。

三、想：有了各種不同的「受」，每個人腦袋就開始產生不同的「想」，不同朝代、不同民族、不同城市、不同家庭、不同老師、不同父母、不同教育方式、不同社會價值、不同玩伴、不同公司文化……，產生出來的「想」就五花八門、各自不同而且千奇百怪，所有人都會推理、判斷、思考，都會覺得自己的「想」是最正確的，別人的「想」都是有點怪怪的。

四、行：有了長期的「想」累積下來，人的行為準則、價值觀、行事風格……，也就慢慢有了自己的準繩，自己的習慣，自己的原則，自己的底線，自己的好惡，自己的道德標準，也就是有

了「行」的一貫性。

五、識：當一個人慢慢長成後，他的色、受、想、行逐漸累積聚集，此時所謂的「心識」就開始形成，未來無論碰到任何人、事、物，他都會從過去的「行」，回到腦袋中的「識」去找答案、去做分析比對、去做判斷、去做選擇，然後習慣性地做出每一次「行」的決定。

從這五蘊在我們身上的「形成歷程」來看，人的所有行為其實是被是「受」出來的，是「被動」形成的，裡面並沒有甚麼新的東西、新的名詞，都是聽到甚麼、看到甚麼、學習到甚麼、感受到甚麼的經驗，在腦中重複被比對、思考和判斷，但腦袋裡的這些「受」就時時刻刻都陪伴著我們，指揮著我們，「色」與「受」統治著我們；而所謂的清淨自性，就根本無法展現，只會被使五蘊作用的「我」一路壓著打，甚至讓我們迷失了自己，以為這世上只有「五蘊」的我，而不知道「五蘊」之外還有一個自性的「真我」。

■ 觀自在菩薩，行深般若波羅蜜多時，照見五蘊皆空，度一切苦厄。（心經）

譯 觀自在菩薩，在一次深深的禪定中，用般若智慧觀照出：世間有情眾生的五蘊皆具空性，眾生的五蘊都有著不斷變動、無法掌握、無法單獨存在的三種性質，只有覺悟出這種五蘊皆空的般若智慧，才能脫離一切苦厄。

所謂佛法，不外乎在提醒世人必須看出「真相」，知道「五蘊的我」會讓人迷失在虛妄和痛苦之中而無法解脫，這是一件何等痛苦而又悲哀的事。

因此這種五陰熾盛的苦，除了認識它的存在外，並無他途，也就是

先不迷失自我，才不會被五陰熾盛所苦累，否則前面人生七種苦，如果再加上五陰熾盛苦，這些諸苦一定會變本加厲，相互加劇影響，直至苦不堪言而讓人難以承受。

　　以上就是人生八大苦，生苦、老苦、病苦、死苦、愛別離苦、怨憎會苦、求不得苦和五陰熾盛苦，這其中，生、老、病、死、愛別離、怨憎會、所求不得苦這七種苦，它最主要的「根源」就是來自於有情眾生對於五陰的「執著」，因為無明的執著，導致這八大苦更加劇烈而深化，任誰都無法避免。

■ 當觀色無常，如是觀者，則為正觀。正觀者，則生厭離；厭離者，喜貪盡；喜貪盡者，說心解脫。如是觀受、想、行、識無常，如是觀者，則為正觀……。（雜阿含經第1經）

　　《雜阿含經》開宗明義的第一句話，就是「正視」五蘊，色、受、想、行、識會不斷地在會隨緣而生滅，無法「永遠常住不變」，因此稱之為「色無常」、「受無常」、「想無常」、「行無常」、「識無常」，當這五蘊不斷在我們心中聚集、覆蓋、盤據久占，久而久之，我們本有的自性，就被這個虛幻五蘊給掩蓋住而取代了，而這五蘊，就像火在內心燃燒，沒有一刻的停止，這就是人生八大苦中最關鍵的一苦：五陰熾盛，如加上前面七種苦，這八大苦就會更加橫行無阻，在我們心中恣意肆虐，莫可奈何。

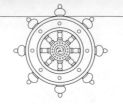

第八章
內外共後之苦

　　另外，如果從痛苦緣起的「性質」來分，大致上可以有這四種類型：

一、內苦：因為自身和內心所受的苦稱為「內苦」；例如疾病老死、飢渴疲勞、醜陋殘廢、傷心欲絕、貪婪、瞋恨、懷疑、怨恨、悲傷、恐怖……等等，這些都是緣起自每個人的「自我身心」產生的苦，與他人無關，與外界無關。

二、外苦：因來自於「外界」所加受到的苦謂之「外苦」；例如遇到水災、火災、旱災、雷電、大寒凍迫、熱浪逼人、瘟疫、病毒侵害、車禍、工地意外、蚊蟲蛇蠍、刀傷碰傷……，這種緣起自外界所產生的苦都是外苦；有時我們認為是運氣不佳，有時我們稱為流年不利，有時我們以為命中注定……，這些外苦或多或少都會在我們生命中出現。

三、共苦：因為緣起於人與人之間的「人事」所引發的苦稱為「共苦」；例如遇到戰爭、強盜、搶劫、人格被侮辱、謠言中傷、遭人脅迫、譏笑怒罵、被人怨恨、被人批評、嫉妒、遭受拘禁刑罰、感情被遺棄、被排擠、被忽視、被冤枉……，林林總總因人與人的共居、共事、共利害關係所引起的苦，都是共苦，除非獨居荒島，否則只要有人在，共苦就不曾停止過。

四、後苦：人死後所受的苦謂之「後苦」，例如墮落惡趣輪迴三惡道，即畜生道、餓鬼道以及地獄道，這些由在世自己「業力」

菩提明心花開見佛

所引發的死後之苦，人在世時並不知曉，但人過世之後才知道，原來一生所做所為會觸動「業力」，將自己帶入自己不知的輪迴「後苦」，有時即使還是輪迴「人道」，但因福德資糧淺薄，轉生至戰禍不斷、乾旱貧瘠地區或年代，或轉生至仇恨憎怨、怒罵不斷的家庭、貧寒窮苦毫無轉機的生涯……，這都是受後苦。

總而言之，這四種苦是從「發生緣由與性質」來分類，佛陀因為人間有苦而出世，當然能將人間疾苦描述的非常精確詳盡，一來人有所警惕，二來針對不同因緣的苦才能找到不同的滅苦之道，分別對治。

■ 二種苦：內苦、外苦。內苦有二種：身苦、心苦。身苦者，身痛頭痛等四百四種病，是為身苦；心苦者，憂、愁、瞋、怖、嫉妒、疑，如是等是為心苦。二苦和合，是為內苦。外苦有二種：一者、王者勝己，惡賊、師子、虎狼、蚖蛇等逼害；二者、風雨、寒熱、雷電、霹靂等。是二種苦，名為外受。樂受、不苦不樂受，亦如是。（大智論第19卷）

■ 是身是眾苦生處，如水從地生，風從空出，火因木有；是身如是，內外諸苦皆從身出，內苦名老、病、死等，外苦名刀杖、寒熱、飢渴等，有此身故有是苦。（大智論第19卷）

❀ 當於爾時，唯生一受，所謂身受，不生心受

當然就現代人來講，如果將所有苦簡化成「身苦」與「心苦」兩大類，會更容易體會，因為維持生命相關、病痛、衰老、不便、身受傷害……，都是屬於「身苦」，因而產生的憂、悲、惱、苦、愁是為「心苦」，這兩大苦人皆有之，有如我們同時被兩隻毒箭射中。

而佛所教導對弟子而言，正是「被一毒箭，不被第二毒箭」，「身苦」有時難以避免，只能坦然接受，但「心苦」絕對沒有必要，要能極力避免，「所謂身受，不生心受」，這也正是學佛最簡單的第一層意義：要能避免「心苦」。

■ 多聞聖弟子身觸生苦受，大苦逼迫，乃至奪命，不起憂悲稱怨、啼哭號呼、心亂發狂，當於爾時，唯生一受，所謂身受，不生心受。譬如士夫被一毒箭，不被第二毒箭，當於爾時，唯生一受，所謂身受，不生心受。（雜阿含經第470經）

第九章
苦壞行如影隨形

　　佛經將「苦」定位成人世間的本質，因此就「苦」在人世間存在現象的本源來分類，可分為三種：

一、苦苦：主要是說肉體的苦，如生、老、病、死……等等，大多是指苦苦，有情眾生擁有「五蘊」身心，本來就是個大苦來源，無奈苦上加苦又遭逢像飢渴、疾病、風雨、寒熱、刀杖外傷……等等因緣而產生的苦，所以稱為苦苦。

二、壞苦：是指「事物之滅亡消逝」而引起的苦惱，例如汽車故障無法維修、花瓶摔壞、手機遺失，名利、地位、感情的失去，親人的死別……，壞苦在自己的肉體上雖然沒有產生痛苦，但心靈上卻感受某種程度上的的打擊與苦惱，尤其當我們對失去的東西越眷念、期望越大時，壞苦所產生的沮喪程度也就愈深。有情眾生對一切執著貪愛的人、事、物、自己身體，甚至一切美好的感覺，其實都無法恆久保持，最後都終因事物成、住、壞、空的變化、因緣滅盡而失去或毀壞，因此而感受到痛苦都是壞苦。

三、行苦：行苦是因為因緣和合或因緣離散，因而使世間種種色、種種現象不停在「流變」，這種永不停止變異的苦即是行苦；行苦是一種極微細不易察覺的苦，行苦的行，其實就是「諸行無常」的意思，也就是說，一切有為法都不能常住永恆，終歸會消逝，這就是行苦；例如和父母的親情，終將因為父母年紀

年邁而終有分離的一天，年少的青春美麗終會因爲邁入中年老年不在回頭，健康的身體終將因爲不停的微細變化與老化而老態龍鍾……，行苦不會快去快來，而是緩慢在變化，但行苦雖然緩慢如流水，卻一定會發生，而且永不回頭。

三苦之說出自於《俱舍論》：

■ 言苦受生時、苦住時、苦滅時樂，以苦受生、住二時皆苦，故與「苦苦」之名；樂受生時、樂住時，樂唯果報壞時苦，是故樂受名爲「壞苦」；捨受生、住、壞三時苦義並皆不彰，但爲無常所遷，是故捨受稱爲「行苦」。（俱舍論）

悉達多太子出家的動機是因爲觀察到苦，出家修行後體驗苦集滅道而證悟成佛，所以佛說：我一向所教導的就是苦和苦的止息。佛陀又說，我所教導的正法，並沒有對內、對外之分，我手中沒有任何保留。我不會對特定的少數人傳授祕法，相反的，我只想用最淺顯易懂，最廣爲人們接受，最能離苦得樂的方法來說明我所證悟的法則，以便讓更多的人從中獲益。因此只要有情衆生能確認「諸受是苦」的事實，就能生起出離煩惱痛苦的菩提心，加上正確的修行方法，精進努力，就能夠順利親證滅苦之道，這就是苦聖諦的眞實意義。

■ 菩薩摩訶薩知苦苦、壞苦、行苦，專求佛法，不生懈怠。行菩薩行，無有疲厭。不驚、不畏、不恐、不怖，不捨大願，求一切智，堅固不退。（大方廣佛華嚴經）

了解了人間衆苦之後，接下來就開始來探究「產生苦的原因」，也就是「苦集」。

第二篇　集

苦產生的原因

佛教的基本教理在苦、集、滅、道，這四項教理是所有宗派所共同認同，也稱『四聖諦』，在上篇概述介紹了「苦諦」-人間有多少苦之後，接下來就是分析「苦形成的原因」爲何，苦是如何產生的？也就是「集諦」，「集」是「招聚」的意思，苦招聚的原因稱爲「苦集」。

　　何以人生會招聚這些苦呢？就因爲「不如實知」這四個字，因爲對生命實相的無知，起顛倒妄想，人心變得另有指引，因此痛苦煩惱不斷滋養蔓延，本篇就開始從這五個方向去分析，爲什麼痛苦煩惱是因爲對生命實相不如實知而導致。

- 「我執」：因爲誤認爲心中有我，因此種種苦圍繞集聚
- 「煩惱貪瞋癡」：貪瞋癡三毒生起，煩惱產生，苦便招聚
- 「一切有爲法」：世間有爲法難以究竟
- 「業力」：因爲累世業力所招感
- 「無明」：無明生起，生老病死苦才一直延續循環
- 「緣生緣滅」：緣起性空，一切由因緣而定，此有故彼有，此無故彼無

　　苦到底從何而來？苦既非從天而降，也不是大地所生，亦非神所賜與，更不是像手機一樣，可以由人自己創造出來，苦是以下這五個原因所招感聚集的。

第十章
我執

🪷 煩惱買不到

　　一切煩惱的根本源自於我執（梵語ātma-grāha），因為有情眾生心中有我時，種種苦才圍繞聚集，而這個「我執」的迷惑與執著，就是第一個生起種種煩惱的原因，怎麼說呢？舉以下一個例子，我們來分析與比較：

　　【例】一對夫妻為了買房，向銀行借貸了1,000萬的房屋貸款

　　首先來看這個情境，為了買房，有一個家庭產生了1,000萬的房貸，而「房貸」在這一對夫妻身上產生了這種效應：

　　夫妻家庭月收入8萬元的夫妻，為房貸一事「煩惱」不已，擔心工作被資遣、擔心30年後房子不值錢、擔心兒女教育費沒有著落、擔心公司停業、擔心還要連續繳20年……，「煩惱與痛苦」在這對夫妻身上「被產生」了出來。

　　有注意到了嗎？房屋的買賣契約書並沒有載明「煩惱與痛苦」這種內容，沒有「附加」與煩惱相關的條件，也就是「房屋」是一棟冷冰冰的水泥建築，與「煩惱與痛苦」並沒有任何關聯，但這對夫妻買房之後卻明顯地陷入一個「煩惱與痛苦」的情緒當中。

我們也比較一下，同時買房的另外一對同事夫妻，在買房的同時，考慮到三年後會有更多其他收入，現階段要「安心工作」，所以房貸多貸款了100萬，然後多出來的100萬「專款專用」，全數用來應付未來3年內的每個月房貸支出，讓這3年沒有任何房貸支出與壓力，當然，因爲買房的「煩惱與痛苦」相對沒有在這對夫妻身上發生，他們計畫3年後「如果還沒有」更大收入時，它們會「如法泡製」再增貸100萬元，但現階段房貸的事不能在這幾年影響他們的心情。

　　再比較一下，還有第三對夫妻也是一樣買房，一樣狀況，不過也沒有多增貸100萬元，但是他們就是正常生活，正常繳息，這對夫妻生性就較爲樂觀，只是沒有在煩惱房貸這件事，稱爲「傻呼呼」或稱爲「平常心」地過他們的生活。

　　看出來了嗎？一樣的經濟條件：

A夫妻-買房-產生煩惱

B夫妻-買房-多貸款一點延後房貸壓力-沒有產生煩惱

C夫妻-買房-沒特別做甚麼，但也沒有產生特別煩惱

　　這就是所謂的「我執」，煩惱痛苦這東西並不存在這世上，大賣場、超商、博物館、空氣中、抽屜裡、別人口中、食物、房屋……，都找不到「煩惱痛苦」這個奇特的東西，「煩惱痛苦」產自於我們自己「心」中，產自於「我執」的「想」與「識」，一樣的「色」（指房貸），讓三對夫妻同時「受」，卻產生出不一樣的「想」，不一樣的「行」，不一樣的「識」，而這色、受、想、行、識，這「五蘊」正是「我執」的核心，正是「煩惱痛苦」產生的根源，正是「本來無一物」前的真正面貌，房貸依舊會在，人生依舊要過，但不是用「煩惱」去對治「房貸」，如果煩惱因自己而生起，痛苦當然相隨，快樂又如何去尋找？

菩提明心花開見佛

■ 處處請諸比丘言：「當教授我，爲我說法，令我知法、見法，我當如法知、如法觀。」時，諸比丘語闡陀言：「色無常，受、想、行、識無常，一切行無常，一切法無我，涅槃寂滅。」（雜阿含經第262經）

🪷 本來無一物，何處惹塵埃

「煩惱痛苦」是自己想出來的，你愈想，問題當然愈嚴重，「煩惱痛苦」當然愈眞實存在，愈發不可收拾，一切法由心想生，一切煩惱由心想生。

■ 善男子，……當思此諸異生凡夫未能靜寂，起種種惑，種種損惱。（十地經）

而「我執」就是認爲世界之中有一個「常恆不壞」的我，妄執有一個「實在的我」，這種見解就是「我執」，自我，原本都是「因緣和合」而成，出生在甚麼國家或家庭，如何被學教、家庭、社會教育……，自我就形成何種樣貌，因此我們說凡是緣生之法，都沒有自體、沒有自性，「當體卽空，了不可得」，這才是所謂「自我」的眞實相。當我們緊抓住眼耳鼻舌身所「執取」的錯覺，一切煩惱就從這「我執」開始，導致一連串的迷惑與招感。別人一句損我的話，若沒有「我執」將它放入心中，就永遠只是聲音，永遠留在原地，是你把它放入心中，變成煩惱。

■ 若菩薩以滿恒河沙等世界七寶持用布施，若復有人，知一切法無我，得成於忍，此菩薩勝前菩薩所得功德。（金剛般若波羅蜜經）

你擁有財富？但財富並不認識你，你想擁有甚麼資產？你想掌控甚麼？你能了解甚麼趨勢？本來，你就不曾擁有過甚麼，也不可能知道甚麼未來，但有了「我執」，就開始有了「分別」，有了「分別」，你、我、他，貪、瞋、癡，無常、苦等等「煩惱心」陸續攀附吸著、糾纏，並且逐漸形成一個牢不可破的「我所」，這「我所」就在「有限的受」、「有限的心智」、「有限的知識」中，自我保護、自我膨脹、自我迷惘，並且自行產生煩惱與痛苦。

　　■ 三界之中以心爲主，能觀心者究竟解脫，不能觀者究竟沉淪。
　　　（大乘本生心地觀經）

　　因此，把「自我」從記憶或知識中「釋放出來」，因爲把五蘊的記憶錯當成「智慧」，那就是癡、就是迷，就是在生命的實相上認知錯誤，你，並不是一堆記憶，記憶是死的東西，記憶只會產生一個結，稱爲自我或五蘊。

　　■ 照見五蘊皆空，度一切苦厄。（般若波羅密多心經）
　　■ 須菩提！若菩薩通達無我法者，如來說名眞是菩薩。（金剛經
　　　第17分）

菩提明心花開見佛

　　我們不應該以我們自己的「色受想行識」去看萬事、萬物，不應該以「記憶」去看一切有爲法，應該以「事物本來的樣子」看一切相，這就是覺悟，一切眾生的肉體與心智，都是因緣所交互影響而產生的，都是被動被「受」出來的，這種五蘊，這種色受想行識本質是變動的、無法掌控的，只有認識它、關照它，痛苦煩惱才有可能止息。
　　佛學中的所謂「諸法實相」就是寂滅性，寂滅性就是空性（梵語sunyata），就是「無我」（梵語anatman）的意思，「無我」才能心

解脫，才能破除眾生根深柢固的強烈我執，這也是出離生死、煩惱、輪迴的第一步。

■ 觀身不淨、觀受是苦、觀心無常、觀法無我。（佛說大乘善見變化文殊師利問法經）

🪷 無壽者相省思今世的我

金剛經中所謂「無壽者相」就是破「我執」最直接的說明，「無壽者相」，就是說：世上並不存在著一種「延續」的生命概念，今天我活著，然後下輩子我又帶著這個「同樣的我」去輪迴、去延續，正確思維是生命「無壽者相」，所有生命的記憶、相關器物、財富與感情……都將隨著你生命的結束而離你遠去，一切你所追求的，都不能連續，都終歸夢幻泡影。

■ 須菩提，若菩薩有我相、人相、眾生相、壽者相，即非菩薩。
（金剛經第3分）

佛陀要我們重新理解自我，重新照見五蘊，看出自我的虛妄性，當你交出你的五蘊，你並沒有失去任何東西，你反而得到了真實的存在。那個「你沒有的」，佛陀要從你身上將它帶走，但佛陀將一個真實的你、真實的存在還給你，世間事是是非非、來來去去，「不來不去」才是一種照見，看出「生滅無常」本就是常態，那才是「真我」，才有機會讓心寂靜下來，停止招感無端的煩惱與痛苦。

■ 諸行無常，一切皆苦。諸法無我，寂滅為樂。（佛為海龍王說法印經）

■ 佛住舍衛國祇樹給孤獨園。爾時，世尊告諸比丘：「色無常，無常即苦，苦即非我，非我者亦非我所。如是觀者，名真實正觀。如是受、想、行、識無常，無常即苦，苦即非我，非我者亦非我所。如是觀者，名真實觀。聖弟子。」（雜阿含經第1卷）

　　當兵的時候，長官經常告誡：「沒事不要惹事」，煩惱有時候也是同樣意思，生活的不如意當然會有，但也不必任由那個「我執」無端去招感痛苦而不自知。再重復一次，別人一句損我的話，若沒有「我執」將它放入心中，就永遠只是一些聲音，永遠只會留在原地而消失，是你把它放入心中，變成煩惱。

菩提明心花開見佛

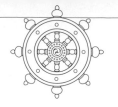

第十一章
煩惱貪瞋癡

❧ 貪瞋癡是毒

人一切痛苦源自於三種煩惱，這三種根本的煩惱稱爲貪、瞋、癡，也就是常說的三毒（梵語triviṣa），又稱三不善根，爲什麼貪、瞋、癡被稱爲「毒」呢？由於它就像毒藥一樣，不但會損害衆生，百害而無一利，而且是世間一切煩惱的根本。

❧ 貪婪

貪字的梵語是rage，貪，是一種「染著」的心理，對自己喜愛的事或物產生貪念或愛著之心，在追求金錢、財物、美色、名聲……等所喜好之物時，起了「無厭足」的念頭，忘了當初追求的目地，而演變成「習慣性地占有與執取」，強奪豪取、算計圖私，毫無悲憫與同理心，只爲不斷的「累積」，甚至變成一種病態。

貪愛原本是一種欲望，而欲望是生命的本質、生命的能量，是好事，絕對不是一種不好的事情，我們甚至可以說，生命就是欲望，欲望就是生命的基礎，欲望也是生命的精髓，購買大房名車是一種欲望，升官發財是一種欲望，希望父母兒女健康是一種欲望，粗茶淡飯是一種欲望，與世無爭也是一種欲望，企求內心的寧靜是一種欲望，祈求世界和平更是一種欲望，欲望並無好壞貴賤之分，都是出自於人的需要和希望。

■ 佛告波斯匿王：「如是，大王！如是，大王！世少有人得勝妙財利能不貪著，不起放逸，不起邪行。世多有人得勝妙財利，於財放逸，而起貪著，起諸邪行。大王當知，彼諸世人得勝財利，於財放逸，而起貪著，作邪行者，是愚癡人，長夜當得不饒益苦。……」爾時，世尊復說偈言：

貪欲於勝財，為貪所迷醉，

狂亂不自覺，猶如捕獵者，

緣斯放逸故，當受大苦報。（雜阿含經第1230經）

攀比成就痛苦

欲望並不是痛苦的來源，「未被滿足的欲望」才是痛苦來源，滿足的欲望，反而可以帶來短暫的快樂，在當今年代，物質的舒適性與便利度，絕對超越有史以來的任何年代，但這樣的物質舒適與便利卻沒有帶給人相對的快樂與幸福，為何？因為有情眾生的心有著甚深的「分別」與「執著」，因為分別，就生「比較」之心，當生命必要或非必要物資、財富、成就是源自於「比較」時，就永遠沒有終極和究竟的時候，「攀比」讓人永遠在和自己過去比較、在和周遭他人比較、在和世人比較，結果金錢名利的追求，變成一場永無停止之日的心靈比較遊戲，變成「習慣性」的不滿足，讓自我直覺反應出持續獲取與爭取的行為。

■ 我昔所造諸惡業，皆由無始貪瞋癡，從身語意之所生，一切我今皆懺悔。（大方廣佛華嚴經）

當人的欲望「無意識」地被操控，「習慣性」的不滿足，直覺式地被當下的「色境」所引導時，別人有包包、有名車、有大房……，所以我也要有，貪婪就開始泛濫成災，貪字，就刺青在心靈深處，無法去

菩提明心花開見佛

除。學佛就是要把貪欲轉化成「有意識」的運作，「有覺知」的運作，而不是毫無目的地任其氾濫，甚至坐擁巨大財富也一毛不拔，只知節儉吝嗇，不自受用、濟助他人，不知廣用，收其大利，都是不恰當的。

■ 一時，佛住舍衛國祇樹給孤獨園。時，波斯匿王來詣佛所，稽首佛足，退坐一面，白佛言：「世尊！此舍衛國有長者名摩訶男，多財巨富，藏積眞金至百千億，況復餘財。摩訶男長者如是巨富，作如是食用：食粗碎米，食豆羹，食腐敗薑，著粗布衣、單皮革屣，乘羸敗車，戴樹葉蓋，未曾聞其供養施與沙門、婆羅門，給卹貧苦、行路頓乏、諸乞丐者，閉門而食，莫令沙門婆羅門、貧窮、行路、諸乞丐者見之。」

■ 佛告波斯匿王：「此非正士，得勝財利不自受用，不知供養父母，供給妻子、宗親眷屬，卹諸僕使，施與知識，不知隨時供給沙門婆羅門，種勝福田，崇向勝處，長受安樂，未來生天。得勝財物，不知廣用，收其大利，譬如曠野湖池聚水，無有受用，洗浴、飲者即於澤中，煎熬消盡；如是不善士夫，得勝財物，乃至不廣受用，收其大利，如彼池水。（雜阿含經第1232經）

■ 多欲爲苦，生死疲勞，從貪欲起，少欲無爲，身心自在。（佛說八大人覺經）

以慈悲心與同理心適度擭取

佛陀在證悟之後曾接受兩名商人供養甜奶粥和去皮甘蔗，佛陀就祝福商人「汝等所向皆吉祥，一切財寶悉充滿」，佛陀並不排斥任何經濟活動，只是不鼓勵在創造財富的過程中，過分偏執，在執取各種事物、名分的同時，使自身迷醉於一切情境，貪取無厭，毫無慈悲心與同理心。

■ 時諸商人聞此偈已皆大歡喜，即取醍醐選上粳米煮以爲糜，和好香蜜盛以栴檀之鉢，詣多演林奉上如來，白佛言：「世尊！惟願哀愍受我此食。」爾時世尊受商人食已，……世尊呪願商人，而說偈言：

汝等所向皆吉祥，一切財寶悉充滿，
吉祥遍汝左右手，總汝身形是吉祥，
所求財寶自然至，以吉祥鬘爲首飾。（方廣大莊嚴經第10卷商人蒙記品）

🪷 貪婪心不是一盆水，是深如大海

我們必須知道，當欲望由心而生時，我們以爲我們可以從欲望中滿足，其實不然，就像小孩子有向父母提出要求時，要他答應甚麼條件，小孩都會點頭，只有愚痴的父母才會相信三歲小孩的承諾，小孩只想要這個要那個，哪懂得承諾是甚麼意義？大人的貪婪心也是和小孩一樣，但當一個慾望被滿足時，我們的心又空虛如昨日，新的夢想又產生，一直循環不已：也就是說，欲望如夢，不隨你生死，貪欲就是如此。貪圖財色名食睡，攫取占有，心無厭足，惟得多求，毫無疑問的，煩惱和痛苦只會緊緊跟隨，因爲生命沒有那麼多資源可以任人隨心所欲。

🪷 對第101次欲望的需求如同首次

欲望之於人的最奇特處，就是一個人對第101次欲望想達成的渴望，竟然不會因爲已經達成100次了，對第101次會比較收斂，完全不會，一個人已經滿足相同欲望100次了，對第101次欲望想達成的心依然「堅決如鐵」，不管是購物、不管是喝酒狂歡、賭博、登山、旅行、吃頓大餐、男女情愛、3C產品升級、升遷、榮耀、收受金錢財物、被

菩提明心花開見佛

讚美、看連續劇、喝咖啡、創作、銷售……，永遠都不會滿足，而且每一次欲望的邊際效用遞減都非常的低，甚至對同樣欲望強烈渴望還會加劇、加倍，這個加劇、加倍的欲望正是貪婪的寫照。

■ 心無厭足，惟得多求，增長罪惡，菩薩不爾，常念知足，安貧守道，惟慧是業。（佛說八大人覺經）

■ 眾生以各種形式表現的渴求、欲望、貪婪、愛著，就是生起一切痛苦及使得生死相續不斷的根源。（佛陀的啟示）

■ 多欲之人，多求利故，苦惱亦多。少欲之人，無求無欲，則無此患。（遺教經）

☘ 瞋毒來自被傷害

再來看瞋毒，瞋恨就是恚忿之心，以一種迷心對於一切「違情之境」起忿怒者叫做瞋，「瞋恨」本來是源自於「自我警覺」，是一種自我利益、安全、榮譽、情感……受到傷害時，會自然產生的一種反應，「瞋恨」本質上並非修養、慈悲、忍辱的問題，而是一種自我感受到「先受到傷害」的反應，而瞋恨是「累積出來」的，是被「一次又一次的傷害」所「累積」出來的，當一個人感受到不受重視、挑釁、批評、造謠、被冤枉、指責、傷害、受盡委屈……時，本能上的「討厭」開始滋生，而當這種對自己討厭的對象排斥抗拒，並且一直持續甚至產生「過分偏執」時，瞋恨已變成心識的一部分，亦即可以說：這個人已經中「瞋恨之毒」了。

瞋恨，會像一顆種子，一個由「惡緣」所攀附衍生的種子，瞋恨會長大成一棵「怨樹」，當我們被傷害一直持續，「怨」就愈長愈大，像大樹一樣盤根錯節、繁密茂盛長在心中，常聽人說：

勸君莫結怨，怨深難解結；

一旦結成仇，千日化不開。

就是要人注意，結怨會質變，會產生心結，會惡化成腫瘤，會演變成仇與恨。

🪷 壯大自己心量

如果想要化解瞋恨，我們只能「壯大自己心量」，當如果我們內心有強大的正能量時，有「禪定」的「定力」時，我們就可以安住自己的心，不會輕易被別人有意無意的言行所影響，當我們內心向自己說：我不在意，任何人也傷害不了我，這種修行就是化解瞋恨、化解煩惱痛苦的第一步。

- 有利益我者生貪欲，違逆我者而生瞋恚，此結使不從智生，從狂惑生，故是名爲痴，三毒爲一切煩惱根本。（大智度論）
- 不取於相、如如不動。（金剛經第32分）

🪷 無明故癡

至於癡，並不是智商不好、功課不佳的愚笨，是對生命愚癡的意思，是不明事理，不知因果法則、不了解苦空無常、不知曉解脫之道，都是愚癡的「表現」，癡爲一切痛苦煩惱所依循。

- 於諸理事迷暗爲性，能礙無痴，一切雜染所依爲業。諸煩惱生，必由痴故。（唯識論）
- 痴者，所謂愚痴，即是無明。（俱舍論）

菩提明心花開見佛

痴，並不是智商低、情商低，是因為不明白事理，顛倒妄取，才會起諸邪行，執著於世間的事或物，無法了悟「苦空無我」而產生喜悅，每個人都有「迷闇之心」，當心性闇鈍時，就會迷惘於事理，顛倒於事理，迷惘於五蘊、迷惘於我執、迷惘於無明、迷惘於世間有為法，由此而有「人」、「我」之分，於是產生我執、法執，人生的種種煩惱，世事之紛紛擾擾、痛苦煩惱，均由此「迷闇之心」而起。

■ 此三毒通攝三界一切煩惱，一切煩惱能害眾生，其猶毒蛇，亦如毒龍，是故喻龍名為毒。（大乘義章）

從以上可以理解，貪瞋癡就是痛苦煩惱的根源，而貪瞋癡能「如實知」，能在「有覺知」的情況下運作與控制，諸煩惱就可以去除大半，「一切諸煩惱永盡」也就是涅槃的意思。

■ 閻浮車問舍利弗：「所謂阿羅漢者，云何名阿羅漢？」舍利弗言：「貪欲已斷無餘，瞋恚、愚癡已斷無餘，是名阿羅漢。」（雜阿含經第490經）
■ 閻浮車問舍利弗：「謂涅槃者，云何為涅槃？」舍利弗言：「涅槃者，貪欲永盡，瞋恚永盡，愚癡永盡，一切諸煩惱永盡，是名涅槃。」（雜阿含經第490經）

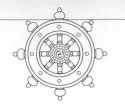

第十二章
一切有為法

　　所謂的「一切有為法」是指我們居住的娑婆世界的一切存在，包括我們所處的宇宙，和有情世間「實體」與「非實體」的一切，例如我們的身體與生命、所有的起心動念、因緣、情緒、煩惱、痛苦、喜樂、平靜、道德、價值、財富、福報、健康……，都是叫做「一切有為法」，都是因緣所生之法，都是屬於一個生滅無常、有限的、有漏的短暫存在。

　　為什麼「一切有為法」是煩惱與痛苦產生的原因之一呢？我們可以從這四個面向看出來，原來「一切有為法」正是煩惱與痛苦產生的源頭：

- ● 人間學問錯把描述當理解
- ● 一切有為法無法究竟
- ● 根深蒂固的二元對立思維產生思想糾纏
- ● 我們的心識被侷限在手機框架之中

🪷 錯把描述當理解

　　人開始使用複雜語言與文字之後，對所謂經驗、知識、科學、哲學、人文……開始有系統地產生連結與整合，尤其二十世紀在醫學、電力、動力、石化、機械、資訊……開創出前所未有的「應用領域」後，開始對人文學、社會科學、自然科學，也全面展開學術研究與教育發

展，彷彿人已經敲開了真理的大門，從此可以開始解開宇宙的所有奧祕。

　　但事實卻非如此，浩瀚宇宙，人類所知極其有限，科技成分可說是少之又少，而人類很多的學術與理論其實只著重在「分類與描述」，但卻將「分類與描述」誤當成「理解」，自以為博大精深，無所不知。

　　這種習慣把自己的思維定義為生命唯一，抬舉自己為「萬物之靈」，以為已經擁有生物中最高的科技與知識，但事實是人根本無法理解：

- 生命起源為何？
- 生命存在的本質為何？
- 生命的目的何在？
- DNA究竟如何儲藏和管理所有密碼？
- 生命細胞是誰在運作與通訊指揮？
- 暗物質是甚麼？
- 黑洞的存在意義是甚麼？
- 宇宙究竟有多大？……

❀ 人類不是無所不知，而是完全沒有概念

讓我們來看看有多少事情，我們自以為是，其實是完全沒有概念：

- 人類連宇宙有多大也不知曉，目前望遠鏡的極限就是人類知識的極限。
- 我們會將昆蟲取名叫「節肢動物們」，卻對「雞母蟲」如何「蛻變」成「獨角仙」，完全沒有概念，只會描述說這是「完全變態」。
- 沒有衛星導航、沒有行前訓練、沒有攜帶食物，10億隻墨西哥「帝王蝶」卻可以從加拿大飛行4,000公里到墨西哥，4,000公

里完全沒有建造機場與跑道，也不用燃燒汽油，人無法理解也無法學習，只知道蝴蝶是低等生物，還不會使用AI人工智慧。

● 春天腳步一旦到來，萬千植物開花結果，沒有看見「染料」、沒有看見設計圖、沒有日曆、鐘錶、溫度計，但植物的花朵與果實無不色彩鮮豔、設計繽紛美麗，果實酸甜香澀，滿山開花，遍地結果，令人嘆為觀止……，而且全部都是有機的。

● 很多植物果實像木瓜、波羅蜜、芒果、黃金果、西瓜、香蕉……，甚至楓樹的糖漿，沒看過植物或泥土需要灌入蔗糖或果糖，但果實或糖漿就是那麼香甜，而且植物造完果實或糖漿後，完完全全沒有留下任何垃圾和有毒廢棄物，人類的工廠如何能理解這些？所謂科技，如何能解釋與複製這種技術？

● 「精子」小到不能再小，何以靠些果糖能夠游泳二、三天，與人類能設計的最小機械差幾千倍？

● 病毒到底是低階生物？或高階生命？新冠病毒為何要致人性命？

● 為何「優勝劣敗，適者生存」原則下，獵豹、熱帶魚、鳳蝶、鸚鵡、金雞、鯨魚、金龜子、皇蛾、老鷹、貓熊、樹蛙、老虎、水果、藍鵲、綠頭鴨、各種花朵……，都是那麼美麗與優雅，這種美根本不是競爭、演化、生存的必要條件，這生命美麗的背後是在傳遞甚麼訊息？所有人類曾經設計過的衣服、手機、汽車、電腦……，在一隻優雅覓食的帝雉面前，簡直平凡到極點。

🪷 生命無有高下之分

當我們對於所謂的「知識」與「科學」是如此「無知」時，對三千大千世界的理解與認同，就更無法跳出所知有限的侷限與思維，所有生

命其實都和人類一樣，從最小的一片葉子到最大的鯨魚，每個生命都是「被需要的」，都是「有意義的」，都是「同等重要」的，在宇宙的存在中，一隻螢火蟲和一個人並沒有甚麼不同，它們都是平等而沒有分別的，生命本質，都是美麗又艱苦，花開花落，生命自我精彩，生命絕不是為人類存在而存在。

這一切生命本都蘊含真理，自有其生滅之道，無有高下之分，如果我們無法放下我們對自身生命的無知與理解，想用深具「侷限性」的思維與感知來與其他生命相處，那這種無知與矛盾、煩惱與痛苦就會不斷滋生，生命是以同樣的方式支持所有生命，但人卻自以為是與其他生命「有所不同」，但事實卻是，人非常普通，是「生命難得」而不是「人身難得」，「描述」並非已經理解，「分類」只是初步的工具，除了產生更多的煩惱與痛苦之外，科學與高科技並不能夠帶來甚麼終極結果。

🪷 一切有為法無法究竟

有為法是所有一切眾生的事與物，包括人的五蘊、五根、五力……，甚至一切有生、有滅、成住壞空之法都是一切有為法。

■ 具壽善現白佛言：「世尊！云何有為法？」佛告善現：「謂欲界繫法、色界繫法、無色界繫法、五蘊、四靜慮、四無量、四無色定、四念住、四正斷、四神足、五根、五力、七等覺支、八聖道支、三解脫門、六到彼岸、五眼、六神通、佛十力、四無所畏、四無礙解、大慈、大悲、大喜、大捨、十八佛不共法、一切智、道相智、一切相智，所有一切有生、有住、有異、有滅法。善現！是名有為法。」（大般若波羅蜜多經第46卷）

🪷 各種學問都不會解決問題

那為甚麼一切有為法「無法究竟」呢？甚麼叫「究竟」，究竟就是圓滿、完全的意思，沒有不足，沒有缺憾，沒有不明白。當人用自己累積的經驗與法則在描述事物時，卻經常觸碰不到事情的核心，因此根本解決不了問題，例如：

● 經濟學說，當「其他條件」不變時，供給的數量越大，市場價格就會越低，但是這個世界甚麼時候才會出現「其他條件不變」？匯率、股市、金融商品價格、天災人禍……隨時隨地都在變動，怎可能有「其他條件不變」的一天存在？

● 努力學習投資學、經濟學，即使學了又如何？個人資產可以穩定增加？投資可以有相對低風險？那窮人為何還是一大堆？

● 婚姻有法律保障，有神父或證婚人見證，有堅定的愛情誓言，有精彩的攝影相本，所以就能有永續不停的忠誠與幸福？如果不能，那為何每張相片都是燦爛笑容？是準備欺騙親友和世人？還是只給自己信心？

● 各國都有法律，有維護治安的警察、檢察官與法官，犯罪仍然層出不窮，人們的權利與義務有被公平對待？犯罪有可能止息？

● 教育是一切的根本，所以在禮義廉恥、四維八德教育下，社會知禮守紀，仁愛講信用，沒有詐欺搶奪？沒有感情和財務欺騙？網路購物都是誠實可信？

● 提倡環保，努力減碳，所以人為對大自然的破壞愈來愈減少？

● 政府及公權力的介入，貧富懸殊的問題能得以緩解？

● 為追求社會公平與居住正義，打房措施必須施行，所以現今房價也因此降到令大多數人都可以滿意接受？

菩提明心花開見佛

- 大家滿口都是愛，爲什麼很少有人有感受到眞愛？
- 考完駕照，強調完駕駛安全、愛護生命之後，所以人類遠離車禍傷亡之日，指日可待？還是每年數千人甚至數萬人因車禍死亡，一點也沒改變？
- 爲什麼每一次頒獎，都有人覺得不公平？
- 有高科技、有先進醫療技術，爲何對癌症、非洲豬瘟、愛滋、新冠肺炎⋯⋯總是束手無策？
- 大家都強調道德理念，缺乏公德心、寡廉鮮恥，爲何四處可見？
- 人擁有知識、有哲學，爲何不知道生命想傳達甚麼？

這些事實都可以證明：所有事情的結果根本不符合期待，這都是人過度執著於世間「有爲法萬能」所導致的矛盾現象，以爲人對人世間的認知已經足夠，可以解決絕大部分的問題，其實剛好相反，人世間的很多事情「變數」太多，非但沒有公式可依循，也未必有原則可以掌握，當然也沒有道理可言，可是人們至死都還在相信與執著，堅持用有爲法的思維在面對生命，怎麼可能解決大部分問題？怎麼可能不產生痛苦與煩惱？

🪷 根深蒂固的二元對立思維產生思想糾纏

而在「有爲法」之中影響最大的，其實是人的「二元對立」思維，爲了方便「區別」，爲了方便「說明」，爲了方便「比較」，人的智識與思維牢固建立了「相對性」的概念，而且深信眞理不是A就是B，不能有模糊空間，例如：
- 生或死
- 彼或此

- 得到或失去
- 忠誠或背叛
- 美麗或醜陋
- 存在或不存在
- 運動或靜止
- 大或小
- 是與非
- 優秀或拙劣
- 長壽或早逝
- 成長或衰退
- 富有或貧窮
- 善或惡……

🪷 此生故彼生，此滅故彼滅，沒有絕對

然而，佛學最根本信仰卻是「不二法門」，甚麼是「不二法門」？不二，是指不是絕對的二元對立，超越相對、超越差別，不墮入兩個極端做選擇、做思考，叫「不二法門」；我們知道，佛法講究「緣起性空」，世間一切事物「此生故彼生，此滅故彼滅」，都是因為短暫的「因緣和合」才呈現一時的虛妄相，一旦緣盡，生命、感情、健康、財富、權勢……，都將產生重大的質變，哪有甚麼絕對、永遠不變的道理。

以前最高科技的BB Call現在變成笑話，以前「溥天之下，莫非王土」，現在只要你有能力、有群眾基礎，誰都可以當總統；以前不愛念書會被指責將來會找不到工作，現在只要你有過人的天分，職棒、職籃、職業足球、格鬥、唱歌、演戲、藝術、操作基金……，到處都有極優渥的報酬，拉丁美洲人戲言：「不會踢足球，森巴舞又跳不好，又不能格鬥，那你只能點去當醫生、當律師，不然你還能幹嘛？」誰是誰

菩提明心花開見佛

非，誰能知曉？甚麼事可能是絕對？

甚至連「凡夫」與「佛」都沒有絕對分別，凡夫不一定永遠是凡夫，煩惱不一定永遠是煩惱，「煩惱即是菩提」，才是不二法門。

■ 凡夫即佛，煩惱即菩提。前念迷即凡夫，後念悟即佛。前念著境即煩惱，後念離境即菩提。（六祖壇經）

🪷 不生不滅，不垢不淨，不增不減

有一個故事這麼說，佛陀拿著一個火燭，手一揮動後，火就熄滅了。佛陀問弟子：「火到那裡去呢？」我們能說明：火現在是甚麼情形？或是說火到那裡去了呢？這就是所謂生與死的「分別相」問題，我們以為生就是生，死就是死，但在一個不斷輪迴的循環之中，生就是死的開端，死也是生的開端，這跟火滅了，火到哪裡去了呢，是同一個道理，《心經》對不二法門的描述最真實而且精確。

■ 舍利子，是諸法空相，不生不滅，不垢不淨，不增不減。（心經）

《心經》中，不生不滅、不垢不淨、不增不減，這三句話正是「無為法」、正是「不二法門」的最清楚描述，除了上述「火熄了」與「不生不死」問題類似外，事實是沒有人在創造生命，也沒有人能停止這些現象，宇宙諸法的真實相其實是不生不滅，「諸法」一直都在那，如如不動，因「緣生緣滅」就有我們所謂的「生命」，有如天上的變幻莫測的「白雲」，但「自性」就像「天空」，「天空」一直都沒離開過，「天空」不會生滅，是「白雲」才會有生滅。

「不垢不淨」更是所有「是非善惡」的放大鏡，宇宙的真實相沒有污

穢的、潔淨的概念，也沒有完美無瑕的概念，沒有需要任何「形容詞」，所有的虛妄相自有其性體力作、因緣果報的道理存在，只要具備「般若智慧」就能理解它，沒有「是非與對錯」需要討論，沒有「二元思維」需要添加，看似紛亂無章的背後，其實自有綿密關聯的因緣與淵源。

🪷 人自己找問題來煩惱自己

「不增不減」是說沒有缺損的、完整的這種概念，生命的本質並沒有需要再增、減任何事物，生命本身就已經究竟圓滿，不需要再「添加」甚麼，也不需要再「減少」甚麼、「修正」甚麼。宇宙的真理已經完整的存在，圓滿的存在，真實的呈現在我們眼前，而我們所有的一切有為法反而都是無法究竟，無法圓滿的。「存在」本身就已經是最佳的「答案」，無須「問題」，更不需要「解答」，人一直困惑在一堆的形容詞裡面而不自知，天天自己找問題來煩惱自己。

非但「不垢不淨」、「不增不減」的概念中，不需要任何「形容詞」，在理解「諸法實相」的過程中，甚至連我們使用的「語言」和「文字」也是多餘，也是無法究竟，無法圓滿的，「宇宙」二個字能代表整個宇宙嗎？「痛苦」二個字真能感受身體或心理的真正悲痛嗎？「語言」和「文字」根本沒有辦法來真實描述「諸法實相」，這也是禪宗、靜坐經常會停止語言和思維的原因，當然我們肯定「語言」和「文字」有其現實社會的實用功能，只是在探討「生命真實相」時，「語言」和「文字」的描述性有限，幫不上忙。所以說，其實連「語言」和「文字」都免不了會陷入二元對立，免不了呈現功能有限的事實。

- 文殊師利歎曰：善哉！善哉！乃至無有文字語言，是真入不二法門。（維摩詰所說經第2卷）
- 如來所說法，皆不可取、不可說、非法、非非法。所以者何？

一切賢聖，皆以無為法而有差別。（金剛經）

萬法因緣生是有為法

「有為法」就是因緣和合而生的一切理法，「萬法因緣生」，萬法即所謂有為法，有為法都是靠因緣而生成、存在，但緣生緣滅，也因此一切有為法必有崩壞、消亡的一天，因為終將會滅逝，因此「執著有常」即是苦；反過來說，「無為法」就是不會執著於因緣變化的法，即「不生不滅、無來無去、非彼非此」之法，是「涅槃」的另一種名稱，但這卻是眾生原本具足，不必依賴於外緣就已經存在的法；無為法就是無生滅變化而寂然常住之法。

想出離「二元對立思維」最好的方向與解答，當然就是認識「無為法」，認識「不二法門」，甚麼是簡單的「無為法」思維？就是：你不需要做甚麼，你不需要想甚麼，你不需要感受甚麼去讓自己變得完滿，你本身就是一個完滿，就是一個完整。

■ 如是我聞：一時，佛住舍衛國祇樹給孤獨園。爾時、世尊告諸比丘：「當為汝說無為法及無為道跡。諦聽，善思。云何無為法？謂貪欲永盡，瞋恚、愚癡永盡，一切煩惱永盡，是無為法。（雜阿含890經）

■ 如無為，如是難見，不動，不屈，不死，無漏，覆蔭，洲渚，濟渡，依止，擁護，不流轉，離熾焰，離燒然，流通，清涼，微妙，安隱，無病，無所有，涅槃，亦如是說。（雜阿含890經）

不取於相，如如不動

你不需要別人的形容詞加在你的身上，不取於相，如如不動，你就

能遠離顛倒夢想，減少很多的痛苦、迷惑與煩惱。當一個人理解「不二法門」，遠離「二元認知」的時候：

● 沒有想法，會帶領你到你存在的根源
● 在那裡，你生命的每一刻都在升起
● 那是一種不必依賴別人的反應，僅僅只是來自你的內在
● 那是一個純粹
● 一種全然的寧靜，純然的喜悅
● 當你一旦找到了這種空無相處，所有緊張、衝突、比較、煩惱……都會消失
● 佛陀稱它爲涅槃

🪷 心識被侷限在手機框架之中

最後我們來剖析「五蘊」爲什麼也是「有爲法」的一大難關？爲什麼由五蘊主導的心識，正是煩惱與痛苦產生的原因？「五蘊」是色受想行識，是我們的生涯與歷史，是我們所有的記憶，是「我所」，更是「我所執」；但是現代社會資訊與網路快速發展，我們的「色」與「受」完全被媒體、手機、網路……所占據，而這些媒體、手機與網路卻是由「商業行爲」在主導，由廠商「創造更大銷售價值」做訊息核心架構，這使得你的「五蘊」偏離了自性、偏離了客觀、偏離了自我價值，你的「五蘊」反而被狹隘地侷限在「商業選擇」的思維之中，完全沒有了自己。

現代人「手機」變成五蘊新泉源，「網路」就是自我的一切，人的色受想行識遭受到空前挑戰，當所有人都接受一樣的罐頭訊息、一樣的早安問候、一樣的歌曲、一樣的新聞、一樣的社會觀點、一樣的趣事、一樣的熱播影片、一樣的廣告、一樣的笑話……之後，這種完全沒有新內容之下，「差異化」變得極其有限，你的「五蘊」在「有限框架

菩提明心花開見佛

中」愈來愈顯出空洞化，迷惘、無奈、失落與徬徨自然愈積愈多，迷醉在「只屬於我」、「自我的私密」、「由我主導」的手機電腦「錯覺」中，人生的所有問題都剩下了「選擇」與「按鍵」，除此之外，其實並沒有甚麼內容，比起麻雀、蜜蜂、田鼠、河中小魚……更是單調無趣。

🪷 商業語言成為你生命的全部

聽聽這些商業語言：品味人生、成就非凡、青春永駐、盡顯尊榮、找回健康、不在乎天長地久，只在乎曾經擁有、認真的女人最美麗、生命就該浪費在美好的事物上、專注完美，近乎苛求、都是為你、使命必達、做你自己……，說穿了，廠商只在意你「買不買單」，而你卻以為自己在「思考」，在「做我自己」，在「成就自我」，這就是現代人的心識與五蘊，都被侷限在手機與電腦框架之中，動彈不得。

如果我們不能對手機出離，讓手機就失去了指揮你的能力，失去了擺布你的能力，我們的心很難會有自由自在的空間，而手機與電腦背負著永遠的商業任務，你怎能擺脫煩惱？怎能用清淨心去脫離苦惱？你哪來的智慧？

這就是「一切有為法」會產生煩惱與痛苦的原因，因為人間學問會錯把描述當理解，因為一切有為法根本無法究竟，無法完美，因為根深蒂固的二元對立思維產生思想糾纏，因為現代人的心識已被侷限在手機框架之中。

■ 一切有為法，如夢幻泡影，如露亦如電，應作如是觀。（金剛經第32品）
■ 須菩提！發阿耨多羅三藐三菩提心者，於一切法，應如是知，如是見，如是信解，不生法相。（金剛經第31品）

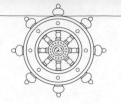

第十三章
業力

業（梵文Karma），就是我們生命期間所想、所看、所做、所說……之後，留下來並被儲存在宇宙中的信息規律，業力是有情眾生在累世的過去和現在所引發的行為模式，有點類似潛意識的概念，業力的結果會主導現在及將來的經歷與方向，雖然我們沒有具體的數據與概念可以描述其運作方式，但每一個人的生命歷程與影響他人或受他人影響的際遇，有一定比例是受業力所牽引。

🪷 業力是可以被發現與解釋的

業力是一種理性、科學的過程，它其實和宗教或神祕主義沒有太大關係，例如某對夫妻知足善良，但他們所生的一個兒子就好像「憤怒神」一樣，四處逞凶鬥狠，心中和眼神就是充滿一股堅定的忿恨，無論大事小事，都透露出「老子就是不爽」，完全難以取悅，你以為那是因為教育過程或是遺傳的關係，錯，遺傳只能在身體、個性、樣貌、態度……上找到其相似性，但絕對無法說明這個人的「我怒」究竟源於何處？舉例來說：

● 有些人從小時候天生就愛唱歌、愛彈琴、愛畫畫，無論你怎樣勸，也勸不動他，彷彿她出生就是只為唱歌、彈琴或畫畫。
● 有人天生就是愛賭博，為了賭博，可以放棄一切，編造一切的謊言只為賭博，不是愛錢、愛贏喔，就只是特別愛賭，而他的

父母與家人中，卻沒有人想賭博。

● 有人天生一看到佛經就會喜歡探究，而且很短時間就能舉一反三，理解經文。

● 有人從事某種工作，很快駕輕就熟，好像這個他完全沒有接觸過的工作，本來就是他熟悉數十年的領域。

● 有些人天生就是很容易「相信」某一個人，「相信」某一件事，任誰給他客觀的分析與建議，就是沒有用，他天生就是只「相信」這個人，只「相信」某一類事情。

● 有人出生就具有某種天分，例如：領導統御、某種運動、某類機械技能、特殊記憶力、特殊情商、設計天才、銷售技巧……

這些無法在「遺傳」及「教育」程度中找到答案的，其實就是「業」的證據，它是一種累世無法消耗的能量和行為模型，一種難以解釋的能量延續、狀態延續，就像一粒種子，種子帶著累世的「資訊」來到新的世界，這種子所隱含的資訊與能量，一旦客觀環境成熟，它就開始發芽與生長，顯出它的真實樣貌，就像種子被放在土裡、被澆水之後就會發芽，這就是業力。

🪷 因緣具足果報成熟

當業力「因緣具足」的時候，它就會顯現，有時是一個人突然時來運轉，有時是一個家庭的家道中落，有時怨偶分離，有時候禍事連連、有時候被一個人糾纏一生，有時候是被老闆器重幾十年直到退休，有時辛苦一輩子錢被騙光，有時平順數十年一朝身敗名裂，有人經常有貴人出現，也有人走到哪都會遇到小人……，業力出現的模式難以知曉。

■ 一切諸報皆從業起，一切諸果皆從因起，一切諸業皆從習起。

（華嚴經入法界品）

■ 人在愛欲之中獨生獨死，獨去獨來。苦樂自當，無有代者。
（佛說無量壽經）

我們不說業力是意味著命運的必然性，但支配人們命運的規律確實是業力，你在過去生及現在的思維模式經常會想主動去幫忙陌生人，你的今生與來世就是會吸引很多人來幫你，你經常的想法都是「算計」，你遇到的世界也都在「算計你」，你一生都在和別人爭鬥，你的「自性」會以為你喜歡爭鬥，來世也會安排讓你繼續爭鬥個不停，只是爭鬥的朝代、對象、模式會改變而已，你經常愛爭鬥的生命模式是不會改變的。因我們最常聽佛教提起「輪迴」的事，而導致輪迴的原因當然是「業力」，但「輪迴」並不是「黑道報仇」，以前你砍我一刀，這輩子換我刺你一劍，「輪迴」就是行為模式（Pattern of Deeds）重現的不變性。

■ 不思議業力，雖遠必相牽。果報成熟時，求避終難脫。（根本說一切有部第一卷毘奈耶）
■ 因緣和合，虛妄有生。因緣別離。虛妄名滅。（大佛頂首楞嚴經）

現在我們明白煩惱與痛苦的另一個發生原因了吧？就是業力，因為累世業力的「招感」，讓一切痛苦在某種因緣成熟時顯現出來，有時甚至隔了好幾個生命期才顯露也有可能，業力是有其因緣的，業力沒有盡，果報也不會盡。

■ 謂行善惡因，得善惡報，異世而熟，故名異熟因。（大智度論）

菩提明心花開見佛

欲知前世因，今生受者是

　　因此，了解生命「因」、「緣」、「果」、「報」的關聯性與聚集性是很重要的「生命智慧」，所謂宇宙真實相，其實就是這麼簡單、這麼單純，世間萬事萬物表面上會呈現各種相，會一直在變化，但是真如本性卻不會改變，你怎麼做，就會產生什麼樣的反應與行為模式，你的「因」、「緣」、「果」、「報」就這樣循環不已，這就是佛法的本末與究竟，只是佛的本質是慈悲跟智慧，是讓人能夠因為理解而相信，因為相信而改變，如此才能讓自己與別人減少些許痛苦與煩惱。

■ 佛所成就第一稀有難解之法，唯佛與佛乃能究盡諸法實相。所謂諸法如是相、如是性、如是體、如是力、如是作、如是因、如是緣、如是果、如是報、如是本末究竟等。（妙法蓮華經方便品）

■ 富貴皆由命。前世各修因。有人受持者。世世福祿深。（佛說三世因果經）

■ 欲知前世因，今生受者是，欲知後世果，今生作者是。（佛說三世因果經）

第十四章
無明

　　從以上四章，我們已經說明了四個「苦產生的原因」，分別是因為：我執、煩惱貪瞋癡、不如實知世間的「有為法」以及累世的無形「業力」，除此之外還有第五個原因，也是最重要的一個原因，就是「無明」。

🪷 無「法智慧」稱作無明

　　「無明」的梵文是Avidyā，就字面看，當然就是「明」的相反詞，是對宇宙真實相不能「如實知見」，以至於闇昧事物，不能明白事理真相而通達真理叫做「無明」，不知佛法、不知事情前因後果、不知緣起性空、不知諸行無常、不知因緣果報、不知緣生緣滅，只執著事情表面的優勝劣敗、只分辨清淨染污、只爭論是非、只計較人間福報、不知六根、六塵、六識……這些都是泛指無「法智慧」，也稱作「法愚癡」，很多人不知道，人生擁有多少福祿壽之外，是否擁有「法智慧」也是另一種人生財富的內容。

■ 云何義說？謂緣無明行者。彼云何無明？若不知前際、不知後際、不知前後際，不知於內、不知於外、不知內外，不知業、不知報、不知業報，不知佛、不知法、不知僧，不知苦、不知集、不知滅、不知道，不知因、不知因所起法，不知善不善、

菩提明心花開見佛

有罪無罪、習不習、若劣若勝、染污清淨，分別緣起，皆悉不知；於六觸入處，不如實覺知，於彼彼不知、不見、無無間等、癡闇、無明、大冥，是名無明。（雜阿含經第298經）

🪷 無明所蓋會啟動惡性循環

「無明」可說是一切苦之根本，「無明」也可以說是愚痴與煩惱的代名詞，人一切煩惱都是由六根、六塵、六識的種種分別、妄想、執著所引起，當我們迷失了一切眾生原本具有的「自性」與「覺性」之後，此時無明生起，一切生、老、病、死、憂、悲、惱、苦、愁就不斷延續循環著。

■ 如是我聞：一時，佛住舍衛國祇樹給孤獨園。爾時，世尊告諸比丘：「眾生於無始生死，無明所蓋，愛結所繫，長夜輪迴生死，不知苦際。諸比丘！譬如狗，繩繫著柱，結繫不斷故，順柱而轉，若住、若臥，不離於柱。如是，凡愚眾生，於色不離貪欲，不離愛，不離念，不離渴，輪迴於色，隨色轉，若住、若臥，不離於色。如是，受、想、行、識，隨受、想、行、識轉，若住、若臥，不離於識。」（雜阿含經第267經）

「無明所蓋」與「愛結所繫」就是我們長久以來，一直會「流浪生死」的主要原因，就好像被繩子綁在柱子上的狗，只能繞著柱子活動一樣，若住、若臥，「不離於柱」。當我們不能離開貪欲，無法「取僅所需要」，思維離於大愛，不以同理心、慈悲心看世界，不離於執念，不離我所，那就會不斷重複在萬事萬物的取捨中輪迴，就像繞著「色」這根「柱子」活動一樣，也就是繞著「五蘊」這根「柱子」一樣，不停息地在旋轉，生命的實質內容就只是五蘊的集、滅、味、患、離而已。

🪷 十二因緣

那「無明」又是因何而起的呢？「無明」是由累世的「十二因緣」循環而導致，這「十二因緣」即是：無明、行、識、名色、六入、觸、受、愛、取、有、生、老死。

■ 一時薄伽梵，在室羅筏，住逝多林給孤獨園。爾時，世尊告苾芻衆：吾當爲汝，宣說緣起、緣已生法，汝應諦聽，極善作意。云何緣起？謂：依此有彼有，此生故彼生。謂：無明緣行，行緣識，識緣名色，名色緣六處，六處緣觸，觸緣受，受緣愛，愛緣取，取緣有，有緣生，生緣老死，發生愁、歎、苦、憂、擾，惱，如是便集純大苦蘊。（阿毘達磨法蘊足論·緣起品）

簡單可以把「十二因緣」分四階段概述如下：

一、過去世的迷惑與業力導致無明、行與識：在無始來的過去世中，因爲不如實知的迷惑，真如本性被塵識蒙蔽，因而產生「無明」，因爲無明繼而產生各種「業行」，包括身行、口行、心行，還有「六識」，包括眼識、耳識、鼻識、舌識、身識、意識等等。

二、今世的名色、六入與觸受：當過去世的無明、行、識入胎之後，即有「名與色」，「名」是心，而「色」即是身體髮膚，有了「名與色」接著產生名爲「六入」或「六根」的身體各種主要器官，身體有了能感應的「六根」眼耳鼻舌身意，就能對應「六塵」色聲香味觸法，一切有爲法的好惡分別之心開始升起，名爲「受」。

三、愛取有：當有身、有心、有接觸、有感受之後，就開始對物質

菩提明心花開見佛

及財、色、名、食、睡有喜愛，有欲望，繼而想「執取」、想接受、想擁有、想追求，此時貪瞋癡再加入攪和，各種現世的善惡業行就隨之產生。

四、生與老死：愛取有必定會緣生各種業行，這種無明又會註定了今生與來世的「受生」，一旦受生，「老病死」又緊緊跟隨，生老病死就這樣不斷接續上演，人就在生死中不停流浪，這就是「純大苦聚集」的核心。

■ 如是我聞：一時，佛住舍衛國祇樹給孤獨園。爾時，世尊告諸比丘：「若於結所繫法隨生味著、顧念、心縛，則愛生；愛緣取，取緣有，有緣生，生緣老、病、死、憂、悲、惱、苦。如是如是純大苦聚集……。如是，比丘！結所繫法味著將養，則生恩愛，愛緣取，取緣有，有緣生，生緣老、病、死、憂、悲、惱、苦，如是如是純大苦聚集。」（雜阿含經第283經）

而這一切都是從「無明」緣「行」開始的，以後只是不斷地在重複循環，所謂「此有故彼有，此起故彼起」，人心一旦染著於「愛、取、有」，那麼苦惱必定相隨，如果人心是清淨解脫的，能取所取而不貪取，一切隨緣，那麼，「愛、取、有」就會被中斷，今生與來世才有可能離苦得樂。

■ 如是我聞：一時，佛住拘留搜調牛聚落。爾時，世尊告諸比丘：「我今當說緣起法，法說、義說。諦聽，善思，當為汝說。云何緣起法法說？謂此有故彼有，此起故彼起，謂緣無明行，乃至純大苦聚集，是名緣起法法說。」（雜阿含經第298經）

所以說，「苦」的五個產生原因，但「無明」升起是最主要的源頭，一切憂傷、妄念、瞋怒、貪婪、傲慢、妒忌……皆因無明而起，人一旦被妄見所障礙就會「繩繫著柱」，不能獨立而生，衍生痛苦煩惱而不自知，由此可知理解世間有爲法與生命的實相，是破除「無明」的第一步。

■ 世尊告諸比丘：「於色不知、不明、不斷、不離欲，則不能斷苦。如是受、想、行、識，不知、不明、不斷、不離欲，則不能斷苦。……
於色不知、不明、不斷、不離欲、心不解脫者，則不能越生、老、病、死怖。如是受、想、行、識，不知、不明、不斷、不離欲貪、心不解脫者，則不能越生、老、病、死怖。……（雜阿含經第50卷）

菩提明心花開見佛

第十五章
緣生緣滅

　　「緣起性空」是佛教的根本教理，「性空」是指「諸法空相」，而「緣起」就是「緣起法」，就是「緣生＋緣滅」，「緣起法」內涵要義正是「此有故彼有，此生故彼生」，世上的任何一件事或物，都是在「因緣聚會」才會發生和產生，任何一件事與物，也都會在「因緣滅盡」時消失和毀壞，沒有任何一件事與物，能夠脫離因緣的範圍而運作。

　　有一個佛陀在王舍城的故事，有兩名外道，名叫舍利弗和目犍連，這二人都是當時智慧超群，名望甚高的沙門。有一天，舍利弗遇到佛陀弟子馬勝比丘，他看到馬勝比丘威儀殊勝，舉止安詳，心中頗為敬仰，就問馬勝比丘說：「請問令師是誰？他平常說些什麼教法呢？」

　　馬勝比丘回答說：「我師承世尊，他的智慧神通，無人可比。我受學尚淺薄，還無法完全領會世尊的妙法。」

　　舍利弗一再請求說：「能否慈悲方便，簡單略說一點概要？」

　　馬勝比丘說偈道：「萬法因緣生，萬法因緣滅，我師大沙門，常作如是說。」舍利弗聽了，大有感悟，就和目犍連一同皈依佛陀。

　　舍利弗是佛陀僧團中重要的護持者，由於他的智慧，經常能使外道臣服在佛陀教義之下，例如他在處理堤婆達多的「破合和僧事件」，果斷堅定，速戰速決；另外他更替佛陀到舍衛城監工興建「須達多」捐獻的「祇園精舍」，最後圓滿興建完成，由此就能看出舍利弗的重要性與不凡成就。但對一個已經修行數十年的沙門而言，何以舍利弗聽了「萬

法因緣生，萬法因緣滅」就捨己所學而皈依佛陀呢？因爲諸法眞義千古難聞，舍利弗在佛弟子中稱號智慧第一，但一聽聞到「萬法因緣生，萬法因緣滅」，一語道破了他心中疑慮，當下立即開悟，因而皈依了佛陀。

■ 諸法從緣起，如來說是因，彼法因緣盡，是大沙門說。（根本說一切有部毘奈耶出家事）
■ 我師所說：法從緣生，亦從緣滅。一切諸法，空無有主。（五分律）
■ 一切諸法本，因緣生無主，若能解此者，則得眞實道。（過去現在因果經）
■ 仁者！我師說是法句：「諸法從因生，諸法從因滅，如是滅與生，沙門說如是。」（佛本行集經第48卷）

❧ 因緣聚合而成、因緣離散卽滅

另外佛陀在墮舍羅國也有一個「因緣」的故事，有一天，一位貧窮的老婦人前來拜見佛陀，她到佛前恭敬地頂禮佛足，並請求佛陀慈悲開示。

佛陀問她：「好的！你有任何問題都可以提出來。」

老婦人問到：「世尊！生從何來，到何處去？老從何來，到何處去？病從何來，到何處去？死從何來，到何處去？色、受、想、行、識從何而來，到何處去？眼、耳、鼻、舌、身、意，從何而來，到何處去？地、水、火、風從何而來，到何處去？」

佛陀先是讚歎老婦人：「善哉！善哉！」然後回答道：「生無所從來，亦無所去；老、病、死，色、受、想、行、識，眼、耳、鼻、舌、身、意，地、水、火、風……一切無所從來、亦無所去，就像兩根木頭

菩提明心花開見佛

互相摩擦，就會生出火來，點燃木頭；當木頭燒盡時，火也會自然熄滅。」

　　佛陀接著便問老婦人：「那麼，你知道這火是從什麼地方來，到什麼地方去呢？」

　　老婦人回答說：「因緣聚合，火便生起；因緣離散，火便滅盡。」

　　佛陀點頭說道：「正是，一切萬法皆是如此，因緣聚合而生、因緣離散即滅，無所從來、亦無所去。……因緣和合所生，緣生緣滅，沒有永恆存在的自體，只要了解諸法空相的道理，就不會執著虛妄的世間萬象為恆常、實有。」老婦人聽聞佛陀的開示後，豁然開解，得法眼淨。

- 緣起法者，非我所作，亦非餘人作，然彼如來出世及未出世，法界常住。（雜阿含經第299經）
- 煩惱業因緣，世間如是轉，煩惱業不生，導師如是說。生老死定壞，彼解脫無上，如彼勇牛王，如來自悟說。（寶星陀羅尼經）
- 爾時世尊說是偈言：諸法因緣生，我說此因緣。因緣盡故滅，我作如是說。（造塔功德經）
- 諸法因緣生，是法說因緣，是法因緣盡，大師如是言。（大智度論）

🪷 此生故彼生，此滅故彼滅

　　因緣的意涵是指「關係」和「條件」，世上的每一事情和物質的生滅，都具備著某些條件，而每一事情和物質的存在，也必須和其他事物有著互相的關係，彼此互動並且互相影響著，當「關係」和「條件」成熟的時候，事與物即顯出存在相，例如某對情侶在某一個時空相遇了：

　　男女相識，是一種緣分，

接著繼續相處、相知，這也需要另一種緣分，

後來雙方深深相愛而結為連理，當然是一種極深的緣分，

最後能否白頭偕老，更是一種長久的善緣。

所謂人生無常，緣起緣滅，一切強求不得。這當中如果有第三者出現，雙方之一的個性改變、工作收入改變、身體容貌改變、相處態度改變……，也就是「關係」和「條件」出現變異，「緣分」就出現變化；阿含經中所謂「此有故彼有，此生故彼生，此無故彼無，此滅故彼滅。」意思就是一切事與物，都沒有絕對存在的基礎，沒有「一定會怎樣」的前提，都是「相對的」依存關係，當依存關係產生變異時，「此生故彼生，此滅故彼滅。」緣，正是這樣運作在無聲無息之中，一般人無法看見與知曉其背後的緣由。

🪷 謀事在人，成事在緣

因此，人生的痛苦除了生老病死之外，親別離、怨憎對、求不得、五陰熾盛都和「因緣」有著密切關係，尤其「求不得苦」更是如此。當因緣尚未成熟，因緣都不具足時，認真攏取任何事物，都不能如自己所預期，我們來看看：

- 一個投資人認真投入股市，積極做功課，但他卻在股市連續下跌3,000點情況下操作，這一個下跌波段卻讓他損失慘重；如果是一個上漲3,000點的波段操作，同樣是認真選股，結局就會完全不同，「時」的因緣能否具足，常是投資勝敗關鍵，勉強不得。

- 一個建築商投入房地產生意，積極開發新建築理念，將生活住宅帶到了新的境界，但是碰到市場通膨，處在利率高漲至10%的年代，不到三年時間，很快的賠光積蓄，黯然破產收場；10

菩提明心花開見佛

年後，經濟情勢轉變，國際房產同步走揚，很多建築理念「普通平常」的建商，無不大發利市，獲利滾滾，爲何如此？因緣使然，「善緣不具足」時，努力未必有成果。

● 一群科技界老闆投入筆記型電腦生產銷售，業務火力全開的時機分別是筆記型電腦一台10萬元、一台8萬元、一台6萬元、一台4萬元、一台2萬元……，甚麼時機的電腦功能最強？當然是最晚期的2萬元電腦，運算速度又快又穩定，功能又多，但一台2萬元卻是最難經營的時候；早期一台10萬元的筆電，當機頻頻，記憶體昂貴又不足，卻是科技新貴荷包滿滿，笑臉滿面的時候，「時機」的善緣具足與否，常是很重要的成事關鍵。

● 一群合夥人，集資投入經營一個事業，結果業務始終不順利，問題叢生，不知道爲什麼會如此，別人做就OK，也不是甚麼艱困行業，就是不順，因爲「人」的善緣未能具足。

爲何會如此呢？因爲「因緣」不是「是非問題」，不是可以預測的東西，更無法去操控，我們只需明白「因緣」的道理是「謀事在人，成事在緣」，緣錯了，非但徒勞無功，只能累出一身疲憊和債務，而所謂「善緣具足」指的就是對的人、對的時機、對的市場、對的客戶……，人錯了，甚麼都錯，時機錯了，甚麼都錯。

🪷 此甚深處，所謂緣起；倍復甚深難見

然而，「因緣」也是甚難理解的東西，因，原是衆生心識已存在的一種慣性力量，也就是「業種子」，而「緣」卻是外在環境的種種助力或阻力，旣然「因緣」的起因是累世的「業力」，無從探究，也不易短期就改變，因此想要「廣結善緣」就不是想成就，就可以成就的，所有佛才說：「所謂緣起；倍復甚深難見」。但有情衆生要想離苦得樂，卻

非得要理解「因緣」存在的重要性與必然性，否則凡都會事倍功半，徒勞無功。

- 此甚深處，所謂緣起；倍復甚深難見，所謂一切取離、愛盡、無欲、寂滅、涅槃。如此二法，謂有爲、無爲。有爲者，若生、若住、若異、若滅；無爲者，不生、不住、不異、不滅。（雜阿含經第293經）
- 有因有緣世間集，有因有緣集世間；有因有緣世間滅，有因有緣滅世間。（雜阿含經第53經）
- 云何爲因緣法？謂此有故彼有，謂緣無明行，緣行識，乃至如是如是純大苦聚集。（雜阿含經第296經）
- 見緣起則見法，見法則見佛。（稻稈經）
- 爾時，阿難語闡陀言：「我親從佛聞，教摩訶迦旃延言：『迦旃延！如來離於二邊，說於中道，所謂此有故彼有，此生故彼生，謂緣無明有行，乃至生、老、病、死、憂、悲、惱、苦集；所謂此無故彼無，此滅故彼滅，謂無明滅則行滅，乃至生、老、病、死、憂、悲、惱、苦滅。』」（雜阿含經第262經）
- 云何二難解法？有因有緣眾生生垢，有因有緣眾生得淨。」（長阿含經第9卷）

菩提明心花開見佛

　　我們學習佛學的目地是甚麼呢？當然是「貪、瞋、癡永盡，一切煩惱永盡」，但在進入「苦的寂滅」與「修行之道」之前，先要了解以上六個「苦集」，六個苦形成的原因：我執、煩惱貪瞋癡、一切有爲法、業力、無明、緣生緣滅，了解這六種緣由，才是解開痛苦與煩惱的必要認知與前提。

第三篇 滅

常住、安樂、寂靜的涅槃境界

佛所說、佛經常說的「四聖諦」苦、集、滅、道中，我們已經介紹過「苦諦」與「集諦」，知道「人生有多少煩惱與痛苦」，知道這些「煩惱痛苦生成的原因」，接下來就是「滅諦」，當這些煩惱與痛苦止息的時候，會是甚麼情形？會有甚麼覺知？這就是「滅諦」，描述常住、安樂、寂靜的涅槃究竟是何境界。

　　我們學佛的目標，當然是希望能「轉迷成悟，離苦得樂」，而「滅諦」正是我們學佛目標的具體陳述，至於如何達成「滅諦」的方法和次第，那是最後一個聖諦：「道諦」，我們第四篇再詳述。

　　基本上我們知道，「學佛」本是「修心」，一切以「心的安住」為修行依歸，其他過多神格化、極端化、消業障、做功德、交易化、求福德……的領域，個人沒有修習經驗，當然也沒有能力去探討，因此對於「滅諦」也僅止於斷煩惱、求解脫，如何在金錢、名利、感情、生活壓力……錯綜複雜的社會中，看出迷惑所在，放下一切執著，找尋出「無所住」但卻能很精進的心，自在無礙，或者是說透過「滅諦」給生活找出另一種的生活方式和態度，另一種「心靈覺知」的教導，這才是本書探討「滅諦」的核心內容。

　　英國牛津大學教授Richard Gombrich是個佛學家，他畢生研究佛學與巴利文，對於學佛，他這樣說：

● 當我說我是佛教徒時，不是說我比別人更純潔善良，而是我有太多無明煩惱需要去除，我需要佛陀的智慧。

● 當我說我是佛教徒時，不是說我比別人更具有智慧，而是我被太多的傲慢所盤據，我需要學習謙卑開拓更寬闊的視野。

● 當我說我是佛教徒時，不是為了從此求福得福，而是為了了斷自己對一切欲望的執著！

● 當我說我是佛教徒時，我的生命並非從此不再遭遇挫折，但是有了佛法相伴，這些挫折能轉化成幫助我成長的因緣！

● 當我說我是佛教徒時，不是因為外在有一個神，而是我發現了

菩提明心花開見佛

我本自具足的內在佛性！

這與本書的「滅諦」研討範疇非常相近，不拜神而專注內心，本篇將分成六章，分別來探索「滅諦」，以及學佛之後應該會有的覺悟思維：

- 諸相非相
- 如來眞實義
- 應無所住
- 出離與自在
- 實無有法名爲菩薩
- 涅槃寂靜

第十六章
諸相非相

學佛之後,最簡單、最明顯的差別在哪,當然就是對世間一切「存在」的認知,有別於西方哲學一貫假設,先求取一個不可置疑的、不需要預設的絕對知識,然後在這個「絕對知識」前提下,發展出人類所有知識的終極保證;然而佛學對於存在,也就是「相」的定義,完全顛覆西方思維的框架,佛陀認為「是諸法空相」,也就是說所有「相」都具備有「空」的特性,「空」特性是甚麼呢?「空」有三個同時存在的特性:

一、經常性的變動:世上所有的「事」與「物」都是處於經常性的變動,我們身體、容貌、健康、財富、工作、家具、嗜好、工作收入、網友⋯⋯都一直在變化,有時我們是年輕力壯,但也會有力不從心的時候,有時事情看似已經成功,結果卻又變成不盡如意,生命是個「流動」,不是一個「點」,我們只能用因緣的角度去看有情眾生和一切事與物,那就是空的基本特性-諸行無常。

二、無法掌控:所有變動的事與物,有它自己前進的方向與結果,我們都無法掌控,成功或失敗、勝與負、獲利或虧損、健康或疾病、合作或破局、離婚或恩愛⋯⋯,都無法掌控在自我,想健康?想致富?想長壽?想平安?⋯⋯決定權不在你,你根本無法掌控,這是空的第二個特性。

三、不具獨存性:組成「事」與「物」最後結果,都是「眾多因

菩提明心花開見佛

緣」的聚集，不是某一個人原因或關鍵可以「單獨拿出來描述」、「單獨可以存在」，例如某支球隊獲勝了、某個投資操作獲利了，某二人感情深厚，彼此吸引，終於走上紅地毯了⋯⋯，這些都是「眾多因緣」所共同形成，不是因為某個人、某一個因緣或某個單獨原因。假設第二年相同球隊又遇上了，再比賽一次，結果未必會與上次相同；又例如上述同一檔股票半年後同樣價格又投資一次，輸贏難料；結婚七年後同一對男女的相互恩愛程度能遠勝七年之前？甚難斷定⋯⋯，沒錯，所有人與事再發生一次，答案都未必會相同；我們習慣用一時的、一次的表現來做「獨立陳述緣」，某人是金像獎最佳導演、某人是當代球王、某人是投資高手、某二人是天生一對、某人操守正直、某某人是個好人、某某人身材好好⋯⋯，這種單獨陳述的事或物，經常在一段時間後，未必能再維持同樣的結果，因為形成當時結果的「眾多因緣」，未必會再重複出現一次。

若見諸相非相，即見如來

也因此，佛陀說看一切人間事與物，必須要有「是諸法空相」的想法，不要局限在習慣性、不變性的固定思考模式中，要能「洞觀」事與物一定會改變的存在事實。

■ 云何十八界，本如來藏妙真如性。四大和合，發明世間種種變化。若和合者，同於變化。始終相成，生滅相續。生死死生，生生死死，如旋火輪，未有休息。世間無知，惑為因緣，及自然性。皆是識心，分別計度。但有言說，都無實義。（楞嚴經第1卷）

■ 佛告須菩提：凡所有相，皆是虛妄。若見諸相非相，即見如來。（金剛經第5品）

也就是說，世上沒有甚麼不是具有「空性」的相：

■ 舍利子，色不異空，空不異色，色即是空，空即是色。（心經）
■ 是故，空中無色，無受想行識；無眼耳鼻舌身意；無色聲香味觸法；……無苦集滅道；無智亦無得。（心經）
■ 彼心恆不住，無量難思議，示現一切色，各各不相知。（華嚴經）
■ 世間諸世間法，皆非是實，從虛妄緣起，不作不起相。（持世經第9）

🪷 如來說世界，非世界，是名世界

此外，佛陀在《金剛經》更是「高達19次」，用三段式或二段否定式來說明「如來說世界，非世界，是名世界。」這種對「存在」、對「相」的獨特看法是佛法的基礎觀點，也就是「A不是A，這才是A」。

■ 如來說：一切諸相，即是非相。又說：一切眾生，則非眾生。（金剛經第14分）

有情眾生對「存在的不如實知」也正是以下這三點：
● 無法知道事情所有的真相：沒有人能知道、看到事情的所有真相，無論新聞也好、歷史也好、科學、影視、商場禮貌、對別人的稱讚、黑洞……，我們所能夠接收的「色」與「受」，都

菩提明心花開見佛

是局部的、部分的、片面的、修飾過的、甚至是造假的……，即使是清朝雍正皇帝的宮廷內幕、廣告明星卸妝的面貌、政治新聞的真正無影手、DNA的真正祕密、某長官唯唯諾諾的企圖、愛你一萬年的承諾被後、小孩回答「好」的真正想法、影響壽命的真正原因、宇宙的邊界、生命的奧祕……，我們都永遠無法知曉真正事實，因此，所有受想行識如果是這樣「受」出來的，一切有如瞎子摸象的「諸相碎片」，佛陀對這種「真實」說：NO。

● 所有人事物都一直在變化：除了上述所有「相」我們能看到的、能聽到的都很有限外，連這些有限的「相」、有限的「所知」還在不停地在「變化」，歷史的資料已經夠少了，又發現新考古證據，這段歷史又要重新修正；某個剛接受肯定的官員卻爆發貪污醜聞，大家的形象認知又產生變化，情侶的情變讓所謂的「愛你一萬年」變成「恨你一萬年」，又例如長年討厭的長官竟然提拔你升任新主管職位，一切又覺得自己過去都是一場誤會和感恩……，無常，佛一直宣說，就是「A不是A」的真實緣由，一切人、事、時、地、物、境界等，都會不停地在變化。

■ 世尊告諸比丘：「當觀色無常。如是觀者，則為正觀。（雜阿含經第1卷）
■ 諸行無常，是生滅法；生滅滅已，寂滅為樂。（涅槃經）
■ 世間無常。國土危脆。四大苦空。五陰無我。生滅變異（八大人覺經）

● 累世的因緣與業力運作於無形：除上述兩種特性外，佛陀更舉出「相」會有「法性非所識」的呈現，也就是有一種「我們無

法理解」的形式，「我們不曾知悉」的因緣果報與業力，在事情背後運作，凡夫俗子並無從覺知；因此眾生對一切有爲法經常出現迷惑和困擾，而這些訊息甚至超過語言、文字所能解釋，卽使是聽佛所說、見佛所呈現相，也無法體會佛陀說法的眞正意思，這是世間「眞實相」中還有的無形「因緣業力」與「法性」存在的關係。

■ 爾時，世尊而說頌曰：
　諸以色觀我，以音聲尋我，
　彼生履邪斷，不能當見我。
　應觀佛法性，卽導師法身；
　法性非所識，故彼不能了。（玄奘譯 能斷金剛般若波羅蜜多經）

　　因此，佛陀在《金剛經》的「19次」三段式說法，就是要指出「世間一切相」我們只能聽到、知道一小部分，而且連這部分都還會一直在變化，況且背後還有眾生不能理解的「法性」與「因緣業力」在運作，所以佛陀一再提醒我們：「一切相」不可完全接受，認爲它就是永遠眞實相，相反的，眾生必須觀照出這「一切相並非眞實全部的一切相」，然後再回過頭來看「一切相」、面對「一切相」，這才是我所宣說佛法，這才是我所謂了解「一切相」的意義。

■ 須菩提！諸微塵，如來說非微塵，是名微塵。如來說世界非世界，是名世界。……所言一切法者，卽非一切法，是故名一切法。……眾生眾生者，如來說非眾生，是名眾生。……所言善法者，如來說卽非善法，是名善法。（金剛經第13分、17分、21分、23分）

■ 一切有爲法，如夢幻泡影，如露亦如電，應作如是觀。（金剛經第32分）

🪷 離一切諸相，則名諸佛

因此，外離一切相，名爲無相，能離於一切相，我們稱爲「法體清淨」，如果對世間一切相能有正確的看法與覺知，那就是學佛的一大進步，也是接近如來智慧的第一步，「滅諦」的第一課：對世間一切事物的「執著」來自於「諸相非相」的不如實知，因此顛倒看世事，妄想現前，當然所謂常住、安樂、寂靜的涅槃境界也「了不可得」。

■ 無一眾生而不具有如來智慧，但以妄想顛倒執著而不證得，若離妄想，一切智、自然智、無礙智，則得現前。（大方廣佛華嚴經）

■ 所以者何？我相即是非相，人相、眾生相、壽者相，即是非相。何以故？離一切諸相，則名諸佛。（金剛經第14品）

■ 一切眾生從無始來，種種顛倒，妄認四大爲自身相，六塵緣影爲自心相。（圓覺經）

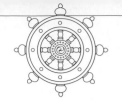

第十七章
如來真實義

　　蝴蝶告訴毛毛蟲說：「你將來可以飛」，毛毛蟲會相信嗎？一株參天巨木告訴一顆小小種子，有一天你會跟我一樣，傲視森林，蒼翠挺拔，聳立千年，但小小種子會相信嗎？

　　當然不會相信，原因很簡單，因為沒有任何理由可以支持「毛毛蟲」跟「蝴蝶」有任何關聯？「小小種子」跟「參天巨木」之間有甚麼共同點可以衍生？毛毛蟲會自覺醜陋，行動極其緩慢而不方便，天敵環伺，每天都好緊張，而蝴蝶自由自在飛舞在天空，「毛毛蟲」變「蝴蝶」有如一種消遣或取笑，蝴蝶根本不敢想像；「參天巨木」枝葉遮蔽林地，雄壯堅實，安然又巨大的存在著，「小小種子」連獲取陽光的機會都是未知數，柔軟脆弱，心中的「不安全感」始終揮之不去，變成「參天巨木」？想都不敢想。

　　這就是佛法真實義，毛毛蟲真的是蝴蝶，所有參天巨木真的都是小小種子，佛這樣告訴大家，你真的可以；那你知道毛毛蟲需要做甚麼才能變成蝴蝶嗎？小小種子需要做甚麼，才會變成參天巨木嗎？甚麼都不必做，它本來就是蝴蝶，本來就是參天巨木，甚麼都不必做，把心靜下來，隨順自然，慢慢長大即可，甚麼都不必做。

🪷 無所從來，亦無所去

佛法就是這個道理，成佛本來就是人人都可以達到的心靈寂靜境

菩提明心花開見佛

界，但是眾生卻「想很多」，永遠止不住「受」與「想」，這一堆妄想不但沒有使自己脫離煩惱，反而離解脫更遠、更不可能。怎麼說呢？

■ 須菩提！若有人言：如來若來若去，若坐若臥，是人不解我所說義。何以故？如來者，無所從來，亦無所去，故名如來。（金剛經第29分）

如來，Tathagata，是一個非常特別的「複合字」，梵文中使用「複合字」相當普遍，光是《金剛經》就有275個「複合字」，但Tathagata這個複合字可以從二種字義來理解，第一種是tath-agata，是「無所從來」的意思，沒有理由，也沒有需要理由，「無從探究」，就這樣來了；而第二種意義tatha-gata，是「無所從去」的意思，就這樣去了，沒有邏輯，沒有需要解釋，不知道去哪裡，也不知道要去哪裡，更沒有所謂存在不存在的問題，也就是說，如來是「真實的如是」之義，任何事情、任何一切法，就「按照事情本來的樣子來看它」，不要採取任何「態度」，不要加以分析、判斷或譴責。

你不需要再做些甚麼，你不需要再經歷甚麼去變得完滿，你本身就是一個究竟完滿，你只是不知道、不敢相信而已。

所以說：「如來者，無所從來，亦無所去，故名如來。」毛毛蟲不必再多做些什麼，它本來就是一隻美麗的蝴蝶，蛻變時機、因緣一旦成熟，毛毛蟲就自然而然會變成一隻蝴蝶；小小種子不需要再經歷甚麼讓自己變得更完滿，小小種子它「本來」就「蘊藏天地間一切奧祕與奧妙」，它靠自己就會長成一株參天巨木，不必依賴松鼠、不必依賴甚麼高科技，不需要別人的鼓勵，人也是一樣；這也正是《金剛經》第17分所說：「如來者，即諸法如義。」如來，本來就一如它真實的樣子。

相反的，我們從如來的三十二相、如來的威儀、如來的坐相、睡姿、如來的幼年、如來的求道過程、如來的一言一行……，用這樣「相

上的行爲」、「表面的現象」來摸索與體會找尋如來眞實義，佛陀說：
「是人不解我所說義」。

🪷 一切有爲法，如夢幻泡影

那有沒有一個例子可很簡單就理解「無所從來，亦無所去」呢？
有的，佛陀在金剛經裡說：「一切有爲法，如夢幻泡影」，其中這個
「夢」就會讓人輕易就明白「無所從來，亦無所去」。

有個人在晚上做了一個奇怪的夢，他獨自一個人走進一座奇異的
果樹園中，樹上的果實全是紫色的，看起來形狀很像橘子，但表面光滑
又像蘋果，閃閃發亮，非常美麗鮮豔，當他正想要去摘一顆來吃吃看的
時候，果樹園中突然間跳出了一隻狼，全身亮綠色的毛非常怪異，尤其
是帶著神祕又兇狠的藍色眼神，令人不寒而慄，這隻狼忽然衝了過來，
這個人嚇得趕緊快跑要逃出果園，一直跑、一直跑，氣喘如牛，慌張驚
嚇，當他轉身一看時，亮綠色的狼追得更近了，這時，他的枕邊人聽到
他一直氣喘呼叫，雙手又緊張地抓緊著棉被，就趕快搖醒他，這時他才
從夢中醒了過來。

這個人在夢中所經歷的所有事實，講給別人聽，也沒人會相信，因
爲：亮綠色的狼、藍色眼睛、紫色的果實……，誰會相信，但這個人卻
親身經歷，嚇到汗流浹背是事實。

我們來想想：亮綠色的狼、藍色眼睛、紫色的果實，「從何而
來」？世上不可能有「無中生有」的事，它們是從哪裡來的？誰生出他
們？誰養大他們？誰種植他們？這是我們知識與邏輯？

當這個人醒了，這些亮綠色的狼犬、藍色眼睛、紫色的果實、神
祕的果園又跑去哪裡了呢？我們不能用「消失了」這三個字，因爲任何
「消失」的東西其實都還存在某個地方，從物質不滅定律來看，任何東
西都不可能憑空消失，這不合邏輯，那正確答案是甚麼呢？那隻狼還在

菩提明心花開見佛

嗎？果園還在嗎？

　　佛陀說，他們都是「無所從來，亦無所去」，就這樣就出現了，就這樣就不見了，沒有原因，找不到理由，無從解釋，也不需要解釋，而且不只是「夢中」亮綠色的狼犬、藍色眼睛、紫色的果實是「無所從來，亦無所去」，人世間一切的人事物也都是這樣，「無所從來，亦無所去」，童年的玩伴、當兵的點點滴滴、以前的低房價、年少的體力與青春、第一次求職、第一的戀情……，都是如夢、如幻一般，「無所從來，亦無所去」，不曉得跑去那裡去了，但我們就是不願相信，不能體會，不如實知。

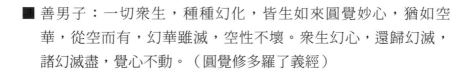

　　■ 善男子：一切眾生，種種幻化，皆生如來圓覺妙心，猶如空
　　　華，從空而有，幻華雖滅，空性不壞。眾生幻心，還歸幻滅，
　　　諸幻滅盡，覺心不動。（圓覺修多羅了義經）

　　其實我們生命的事實真相是：我們與一種更偉大的、超乎尋常的力量連結著，這個宇宙的中心有著偉大的靈魂，它無處不在，它難以形容，它不需要你的解釋與添加，它無法用我們的知識可以理解，它就是你的自性，它不屬於知覺世界，因此很難用語言與文字去探究。

　　■ 一合相者，則是不可說，但凡夫之人貪著其事。（金剛經第30
　　　分）

　　而我們只需放下心中所有的迷惑探索，單純用心去「感受」它，其實它一直都在，只是我們一直都用我們自以為是的、所謂的「科學」與「理性」在思考問題，理解問題，亮綠色的狼犬、藍色眼睛、紫色果實都是通不過邏輯的檢視，既然不合邏輯，那又何來滿頭大汗、驚嚇氣喘的事實呢？其實這些也都是「不生不滅」的道理，不是由誰把它創造，

不是「被創造」出來的，不是誰有能力「把它生下來」，心經上的『不生不滅』是「被動詞」，中文的『不生不滅』沒有表達出的被動式，此外，它也不是「被誰消滅」，也不是消失在某處，和我們孩童時的幻想一樣，就這樣就出現了，就這樣就不見了，但只要具有菩提智慧時，就能領悟到這一點。

■ 善知識，菩提般若之智，世人本自有之，只緣心迷，不能自悟，須假大善知識，示導見性。（六祖壇經般若品第二）
■ 來去自由，心體無滯，即是般若。（六祖壇經般若品第二）

🪷 識自本心，見自本性

我們的五蘊-色受想行識內容無法完美，根本無法理解你到底是誰，原因是我們習慣的思想世界，極其貧乏，我們一直困在二元思維框架中，不知道回到「自性」，那個佛所宣說的「無門之門」，佛性，它，無所不在，無所不能，只有重新認識自性，用自性來觀照，究竟圓滿本來就在你心中。

■ 不識本心，學法無益。若識自本心，見自本性。（六祖壇經行由品第一）

悟自本心，是你不必找尋，因為你找尋，你將永遠找不到，因為每一個找尋，都是「起心動念」，會讓你離開自性；你也不必敲門，因為你的敲門是一種欲望，一個要求，只要心存我執、法執，就沒有人能穿越「無門之門」，只有放下這個念頭，路，四處都在，不找尋、不敲門、不要求，無所從來，無所從去，你自己本來就「蘊藏天地間一切奧祕與奧妙」，再說一遍，你自己本來就「蘊藏天地間一切奧祕與奧

菩提明心花開見佛

妙」。

　　生命本身，原本就超越所謂的「概念」，它本來就不需要一大堆的形容詞、名詞與分詞，生命不需要動機，不需要目的，生命單純只是簡單的「存在」，就蘊藏無窮的奧妙與美麗，佛法也是一樣，佛法是洞觀宇宙眞理的智慧，沒有辦法用「知識概念」來談論，佛法不是膚淺的從欲望中解脫，因爲，從「欲望中解脫」也是一種欲望。

　　有個禪宗的故事這樣說，趙州禪師與南泉普院禪師學禪30年，

　　趙州禪師問：「道，到底是甚麼？」

　　南泉普院禪師回答：「平常心是道」

　　趙州禪師又問：「平常心該用甚麼樣的方法，才能得到它呢？」

　　南泉普院禪師回答：「當你起心動念走向平常心時，那就已經不行了，因爲平常心本然在此，當你開始發問，起心動念想有一番造作時，就已經不是平常心了」。

❀ 何期自性，本自清靜

　　當你開始發問時，就已經不是平常心了，正是如此，「如來眞實義」是「苦滅」的一個很重要表徵，也是一個人學佛的重要階段性研判指標，對於一切有爲法能否知其「不生不滅、無所從來，亦無所去」，除非你所覺悟，否則你只會一直停留在理性的「迷惘」與「恐懼」中，只有能理解「如來眞實義」的不來不去，跳脫世俗對生命的思維，進而體悟：你自己本來就「蘊藏天地間一切奧祕與奧妙」，那麼所謂「法喜充滿」才會在心中顯現，而人間世俗對你的一切壓力、偏頗、比較、壓抑、批評、傷害、冷漠、鄙視、排擠……，你才能一笑置之，深得法趣，無比強大的「自信」能量，也從此能充滿你心，因爲你已經「深解如來眞實義」。

■ 惠能言下大悟，一切萬法不離自性，遂啟祖言：

何期自性，本自清靜。

何期自性，本不生滅。

何期自性，本自具足。

何期自性，本無動搖。

何期自性，能生萬法。

不識本心，學法無益。（六祖壇經行由品第一）

■ 祖曰：「無上菩提，須得言下識自本心，見自本性。不生不滅，於一切時中，念念自見。萬法無滯，一眞一切眞，萬境自如如，如如之心，卽是眞實。若如是見。卽是無上菩提之自性也。」（六祖壇經行由品第一）

法，沒有要問甚麼，

沒有要回答甚麼，

法，沒有要達成甚麼，

外離一切相，自性本無一法可得。

❀ 生命如果有了目的，那生命本身就會變的不重要

「沒有想法」，才會帶領你到你生命存在的根源，在那裡，你生命的每一刻都在升起，它是一種不依賴別人或別人反應，僅僅是來自你的內在、你的自性；那會是一種「全然的寧靜」，「純然的喜悅」，你一旦你找到了它，所有緊張、衝突、比較、煩惱……都會消失。

生命根本不需要去解釋哪些知識，生命也不需要目的，生命如果有了世俗的目的，那「生命本身」就會變得不重要，「目的」反而變重要。因此，你只需內觀眞如與自性，了知一切法，「自性本身」就會透露出它的奧祕；生命只需要信任和臣服，信任，來自心的覺醒，這時生

菩提明心花開見佛

命的存在，才是系統最完整的解釋。

🪷 重新認識自己

佛說：「我重新認識了自己。」了解「如來真實義」就是讓我們：「重新認識自己。」

- 這世上並沒有一條可以通往「喜悅」的道路因為，喜悅本就是道路。
- 這世上並沒有一條可以通往「清淨」的道路因為，清淨本就是道路。
- 這世上並沒有一條可以通往「真如」的道路，因為，真如本就是道路。
- 這世上並沒有一條可以幫你找到「如來」的道路，因為，你自己就是如來，你自己本來就是道路。

所謂「如來真實義」就是說：你，本就是真如，你，才是唯一道路，你「無所從來，無所從去」，你修行並不是要遇見佛，而是要遇見自己。

苦滅，在生老病死是著眼於「身苦」的寂滅，在「心苦」的寂滅方面，則是要你去強大你自己的內心能量，去理解「如來真實義」，你有沒有覺悟與體會其實並沒有人能知曉，沒人知道你一路走來的人生路上，到底有多少迷惘和恐懼，但若能知曉「如來真實義」，你就會很不同。

■ 如是比丘！心解脫者，若欲自證，則能自證。（雜阿含經第1卷）

你了解如來眞實義了嗎？如來者，無所從來，亦無所去，如來者，即諸法如義的意思，了解如來眞實義是「心苦寂滅」會呈現的重要表徵。

■ 不取於相，如如不動。（金剛經第32分）
■ 如來說：諸心皆爲非心，是名爲心。所以者何？須菩提！過去心不可得，現在心不可得，未來心不可得。（金剛經第18分）
■ 知一切法，皆是自心，而無所著。（大方廣佛華嚴經）
■ 不生亦不滅，不常複不斷，不一亦不異，不來亦不去。（梵網經）
■ 迷惑無知者，妄取五蘊相，不了彼眞性，是人不見佛。（大方廣佛華嚴經）

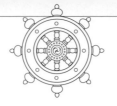

第十八章
應無所住

　　應無所住是「不執著」，「住」是seize「抓住」的意思，好像船「下錨」一樣，「錨」落到水底，緊緊抓住海床固定水面上的船舶。

　　如果我們的心是一艘船，那就別讓心停泊在任何地方，當你的心「想要航行」，船就不能「被綁住」，必須解開纜繩，解開你的心，讓它自由自在，駛向無邊無際。人的心識受到「色」與「受」之後，就會對一個念頭或某種現象產生一種執著，牢牢不放，尤其像受到人格攻擊、慘痛深刻的經驗、長期的壓力、家庭社會的教育、媒體的報導、廣告的誘惑……，這時心外的事物會緊緊「被你抓住」並且困擾著你的心識，讓我們深深執著在某一種的想法或意見主張，這些都叫做「心有所住」，心中老是掛念或在意這些東西，一直反覆地思考著，困擾自己。

🪷 心有所住

● 某種政黨傾向
● 對媳婦、上司、客戶、朋友、婆婆、同事……某個人的態度
● 對金錢的獲取、使用與憧憬的方式
● 某種商業品牌的忠誠度與喜愛度
● 對某一種宗教
● 某一個社會團體的歸屬感
● 某一段感情

- 某一種商品
- 某一段歷史的價值判斷
- 某一種哲學信仰
- 工作操守心態與忠誠心態
- 被批評攻擊後的反應
- 人生低潮時的心理應對
- 某一種汽車、衣帽服飾、包包、珠寶、手錶……的追求與使用堅持度
- 人生態度、人生價值觀
- ……

🪷 慣性偏執在指導著我們言行

當心執著於某件事、東西時，所有的想法、理智、分析、判斷、妥協……都將終止，執著的人會有一種「立即反應」、「慣性反應」，會有一種「固定」回應及思考模式，會習慣性產生或表現出「瞋」與「癡」，此時「有腦」等於「無腦」，而且更重要的是自己「完全不自知」。

對於具有強烈「執著於某件事」的人而言，看世事的角度有如「頭被固定住」，此時當然會失去了看見背後美麗花朵的機會，自己的執著會習慣性地堅持某種態度與思維，這種「固執」會像「背著石頭」一般，長期而且沉重地壓在我們身心。

■ 佛告具壽舍利子言：「舍利子！諸菩薩摩訶薩應以無住而為方便，安住般若波羅蜜多，所住、能住不可得故。……諸法性、相不可得故。」（大般若波羅蜜多經第3卷）

菩提明心花開見佛

☙ 放下竹籠，丟棄石頭

所謂一顆「自由自在」的心，就是指一個人身上竹籠「背負的石頭」一顆也沒有的意思，試想有一個人終生「背負」著一大堆石頭，或者三顆、或者五顆、或者十顆，或大或小，甚至只有一顆巨石，一顆就足以讓你舉步維艱，何況一大堆石頭？這些執著都會強烈阻擾自己與其他「緣分」交融的機會，例如一個超強烈的政黨粉絲，一個以霸道在持家的人，一個對任何批評都產生極端反應的人，或絕對堅持不與某人見面或交談的人……，這些人都是將自己活在一個「自我瞋怒」、「內心模擬爭辯」的封閉心態中，「自我造神」的偽裝打扮，怎能不讓自己痛苦煩惱？你想找誰了解你？你想唱「心事誰人知」給誰聽？執著的人就是不會聽別人意見，你不聽別人意見，那誰會想聽你的「心事誰人知」？這世上有甚麼人不委屈？哪有甚麼是公平的？

☙ 應無所住而生其心

因此佛說，我們應該經常檢視自己背後的竹籠，有沒有放著一大堆的石頭？有沒有隨時「淨空」我們的心？對於社會、對於環境、對於事物、對於金錢、對於人生態度、對於待人接物，對於生命的一切，甚至包括對於佛法，我們是否能抱持「沒有特別執著」的態度在應對？

- 諸菩薩摩訶薩應如是生清淨心，不應住色生心，不應住聲、香、味、觸、法生心，應無所住而生其心。（金剛經第10分）
- 菩薩摩訶薩，獨一靜處，自覺觀察，不由於他，離見妄想。上上升進，入如來地。是名自覺聖智相。（楞伽經）

做為一個有心走上菩薩道的人，必須能夠自覺觀察：

- 不執著於色
- 不執著於聲
- 不執著於法
- 不執著於體
- 不執著於悟道

　　因為若執著於「彼」，則彼為善，若執著於「此」，則除「此」之外其餘所有皆是惡，唯獨「此」不惡，但是非善惡豈有定論？執著於「彼」之所以會被你堅持，並非「彼」為善，而是你「只能看到」彼的善，看不到、不想看也不想聽「彼的惡」，因此你才會始終堅持，你有眼、有耳，但你的眼耳鼻舌身意已產生特別的「偏頗情執」，讓你感受不到「彼」的惡，如此而已。

　　2500年前，佛陀就一眼就可以看出某些人，身上背負著很多石頭在走路，在修行，在折磨自己和他人，佛陀很早就知道。

　　那如何是「應無所住」呢？「應無所住」是「不執著」，是不會讓一些事、一些人、一些想法在心裡產生糾結、堅持與牽掛，如果心中不牽掛，那就是「無所住」。我們必須知道，我們會執著，是因為我們的「受想行識」有了「分別」，有了分別，分別就在我們的價值判斷、人生觀、生活觀、欲望、目標、計畫、意義……中，產生了記憶、產生了「比較」、產生了「偏執」、產生了「欲望」、產生了「重要度」、產生了「可討論與不可被討論」……，而我們開始「在意」這些區別，例如：

- 金像獎、金曲獎……頒獎過後
- 新聞報導某人投資股票獲利3,000萬
- 朋友買了價值300萬的新車
- 同事帶了一個限量名牌包來上班
- 聽了某一個小資老闆經營小店成功的故事

- 看到某人瘦身成功擁有姣好身材
- 別人小孩學校成績優秀
- 看電視影集劇中大俠武功高強、行俠仗義、美女環伺……之後
- 別人有意無意炫耀他的新家之後
- ……

我們的心開始「注意」這些見與聞，「在意」這些區別，「受與想」這些訊息，心就會把錨拋了下去，讓船停在哪裡，反覆在思維。

🪷 內心經常接受一堆無關生命的石頭

這時，別人的「成就」、「價值」或「成功吸引了他人注意」就烙印在你心裡，刺激你「彼可取而代之」的妄想，但這些「成就」或「價值」其實是建立在「比較」和「分別」之上，並非本身具有「一成不變」的性質，並非本身具有「真實的價值」，純粹只是建立在「比較」之下，最重要的是，你從未曾省思過：「我真的需要這些分別嗎」？「我真的需要全部都擁有這樣嗎」？這些吸引你執著的事，本身就是互相矛盾，沒有人能「同時擁有這些」，但你的心卻用「照單全收」的方式接受所有的「比較」和「分別」，接受所有的「石頭」全部放進在你的心裡。

- 菩薩欲得淨土，當淨其心。隨其心淨，則佛土淨。（大乘起信論）
- 若人欲了知，三世一切佛，應觀法界性，一切唯心造。（大方廣佛華嚴經）

佛說，你就是唯一，你不必擁有甚麼才叫偉大，因為那個被稱為成

【第三篇 滅】

功、價值、令人羨慕……的所有一切，都只是「被稱爲成功」而已，其實也沒有「同時擁有其他」，那位帶了一個限量名牌包來上班的人，不會同時也買了新豪宅，又得到諾貝爾獎，其實不值得你去羨慕與比較，世上所有比較的一切都難逃成住壞空、生老病死，任誰都一樣，人生八大苦都一直陪伴著，無奈但卻相對公平，沒有人有甚麼特別不同。

　　你只需嘗試用「沒有分別」的「清淨心」去看一切，用沒有形容詞、沒有比較的心去看世界，用「沒有想法的想法」去看這個世界，分別、執著和妄想才能止息，你不必再尋找偉大，不必再尋找意義，你的存在就是偉大，你的一切就是最眞實的意義，人世間的一切成就與比較，都找不到完美究竟的意義與定義，都是無中生有而已，隨時在變，而且互相矛盾，今天說駕馭未來成就非凡是成功，明天說淡泊明志，寧靜致遠才是人生……，你聽的完嗎？佛說明確地告訴你：應無所住。

■ 菩提本無樹，明鏡亦非台。本來無一物，何處染塵埃。（六祖壇經行由品）

　　惹塵埃，就是指我們的心，我們的心在「動」，在「住」，在「執」，使我們在背上和心裡不斷裝入石頭。

■ 心有所住，即爲非住。應無所住而生其心。（金剛經）

　　那麼我們是否甚麼事也不要想？甚麼事也不要做？能活下去就好，沒有任何欲望？當然不是，佛陀說：「應無所住而生其心」是在金剛經裡回答需菩提的問題：

■ 世尊！諸有發趣菩薩乘者，應云何住？云何修行？云何攝伏其心？（金剛經玄奘譯本）

譯 世尊，世尊，如果有世間的善男子、善女人發心走向菩薩道，應該如何自處？如何精進修行？如何降伏妄心？

「生其心」並非不必要

一個人發心走向菩薩道，積極傳法度迷情，或發願想考上大學、律師、警察、駕照……，都是一種發心，發心努力創造業績，發心賺更多的錢以維繫家庭生計、發心增加職業技能以求職場勝出、發心減肥或積極挑戰體能……，都是發心，而所有的發心並無好與壞、大與小，佛陀並不是反對任何有情眾生發心，而是「生其心」的同時應該要注意「應無所住」，世間一切「成功與失敗」、「得與失」……都具有「性空」的性質，不是我們能掌握：

- 事情的結果不是掌控在你一個人手中，不必強求自己一定要達成如何……，凡事未必會朝著你所想的方向在前進。
- 成功與失敗會不斷變化，有時今天的成功卻是累積明天更大失敗的開端，心不必執著於此。
- 如是因緣果報、業力相隨，誰也不知道突然的變數何時會出現。
- 成功與失敗、得與失都是有為法「比較」出來的，並非諸法實相，一旦墮入其中，永遠沒有止境，煩惱和痛苦也將永遠跟隨。

因此佛才說：須菩提，發心走向菩薩道固然是好事，你不但可以去做，還要更積極、更精進去做，但心態上要「應無所住而生其心」，一切應以「清淨無為」的心在面對，不必執著於成敗與結果，一切隨緣。人生中的任何發心、任何事也是一樣，正面去面對，積極去執行，但是內心坦然自在，接受一切可能發生的結果，一切隨緣，不生貪婪妄念，

「無所住而生其心」。

■ 若於結所繫法隨順無常觀，住生滅觀、無欲觀、滅觀、捨觀，
不生顧念，心不縛著，則愛滅；愛滅則取滅，取滅則有滅，有
滅則生滅，生滅則老、病、死、憂、悲、惱、苦滅，如是如是
純大苦聚滅。（雜阿含經第283經）

　　心裡沒有打這樣的預防針，「苦滅」，了不可得，遠離痛苦與煩
惱，也是了不可得，但反過來看，一個「苦滅」的人，心無所住，未必
表示有比較高的成功勝算，但是相對沒有心理包袱在「生其心」，那種
自在、那種法喜充滿可以想知。

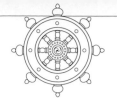

第十九章
出離與自在

　　所謂「出離」就是解脫束縛，不為塵垢所染，就是不再執著過去認知的事物與概念，「無所住而生其心」是一種心靈的導航程式，是一種心靈「成熟」的狀態描述，而「出離」則是具體的行動，是可以檢核一個人心靈中「苦滅」含氧量的行動依據，更是修行與理解「苦滅」的重要內容。

❀ 自我價值不是源自於比較

　　人生活在雜染社會中，都難免會被變相的控制和操縱著，久而久之自然會缺乏自信和安全感，只因為在資本主義為主流的社會中，自我資產、自我價值未達一定規模，就會衍生出判斷力薄弱、經常迷惘、缺少自信、無法肯定自己的現實「自我分別」心態，這些價值觀本應沒有任何意義，肇因於商業社會媒體的24小時行銷運作，日以繼夜所宣說的都是「財富」與「價值」，如果你不符合買賣或交易行為的完成，社會及媒體就會長期否定你、打壓你、窄化你、貶低你。

❀ 五蘊霸凌

　　甚麼歐洲最美的小鎮、米其林三星、男人最帥氣的神車、品味非凡的名錶、10億美元的慈善捐助、最美的婚紗禮服、完美的豪宅五元素、

你今生不能不去的十個地方……，這些根本無厘頭的「價值霸凌」就這樣活生生的架住你脖子上，你的自我被這些「無止境的價值描繪」所摧殘，這些「霸凌」甚至衍生出你內心的「恐懼」與「羨慕」，佛陀看到了，佛陀嚴厲地說：「放開那個小孩，我要帶他走。」

佛要告訴你，這些都是「五蘊霸凌」，靠的就是你的支持，你的肯定，這些「霸凌」像氣泡一樣本來瞬間就會自滅，但是你自己卻被它深深吸引，不是說你被困在監獄裡，而是「你自己建造監獄」，你把自己拘禁在自己建造的監獄中，是你堅定地認同了這些垃圾價值霸凌思維，沒有一個你深信的「社會更優越者」來戳破他的謊言：

● 是甚麼三星、四星大餐，會好吃過一個老少群聚、笑聲充滿的家庭晚餐？哪位富豪有錢買到家庭純真的笑聲？

● 和一位大、中、小富豪吃飯，不就聽他一直吹噓著他的所謂見解？過去或許他在財富價值創造上有些許成就，但這跟預測未來、人生意義、價值觀、溫暖家庭……根本無關，但誰無法停住他永遠不停的說教……，吃完飯還繼續講個不停的內容，能勝過自己阿嬤永遠真實的關懷眼神？。

● 是甚麼風景美過山嵐、夕陽和雲瀑？有沒有「錢」跟有沒有「緣」碰到，這根本是兩回事。

● 千金萬銀，可以買到多少青春和健康？

● 甚麼是成就？徒手整理一個小小的美麗菜園的成就，會不如一個擁有資訊帝國卻四處恐慌尋找特效藥的企業家？你怎麼不問問賈伯斯你到底缺甚麼？在找甚麼？甚麼才是這世界上最美、最有價值的東西？答案肯定與金錢和成就無關。

● 一個幼兒的可愛笑容會不如一件印有某種符號的衣服？

● 甚麼長官或同事的誇獎可以勝過小孩需要你、懷抱緊緊抱住你、依偎在你懷裡的喜悅？

● 能獲得一個人的絕對信任，那才是最美的事，但這跟開甚麼車

菩提明心花開見佛

子有甚麼相關？

● 能讓許多人都出自內心得喜歡你，一定要戴個手錶或珠寶項鍊？

🪷 走出空城，自己說了算

是你自己困住自己，自己「畫地為城」，以為四面楚歌，以為千軍萬馬要來襲，自己把自己嚇壞，佛陀說不，佛陀帶你走出虛妄城池，讓你看清楚你只是一個人在荒野，沒有敵人、沒有城、也沒有四面楚歌。

所以出離之前，我們要先除去身上和心裡所有的「標籤」和「符號」，堅定地意識到生命更內在的喜悅、更深層的價值，不是任由別人說了算，而是你說了算，只有你自己出離了這些執著，這些霸凌才會失去了指揮你的能力，失去了擺布你的能力，而我們的心才會變得更自由，因為這些比較、誘導、壓抑不能再困擾你、激怒你、傷害你、困惑你，我們不是說這些描述不好，而是說：你若喜歡，你就去做，但不必因為沒錢做、還沒做，卻先讓自己心理先產生遺憾、產生陰影，迷惑自己，佛陀沒有華麗衣服、馬車、信用卡、鞋子⋯⋯甚麼也沒有，卻滿心歡喜自在、心靜如水。

🪷 讓心靈富足和諧

因此，你必須「跨越」那些別人的解釋，讓自己的「生命」專注在某一個「維度」，當然那需要一定清晰的心靈力量，「清淨心」就是「心靈清潔劑」，透過沒有二元對立的「無為」想法，勇敢跨越分別的那一條線，那是一條虛妄的線，只有將自己投入一個完全不被糾纏的空間，這時你的心靈才會開始「富足」起來，當你的心帶著喜悅而脈動時，你整個人也會落入整體的「和諧」之中，這就是自性的品質，這就

是自在的品質，保持這種品質，終極解脫便會是個自然而然的過程。

🪷 不必被社會譴責

自性，本自存在，而修行就是要找出自性裡本有的「覺察的心」，一顆清淨而能覺知社會雜染的心，不受控制、不受壓抑，不受影響，不被被它譴責，不活在別人期待中的「清淨心」，社會永遠會對你創造出一個「概念」，而那個具有「譴責性」的概念，希望改善你、改變你，希望你變得更好……；社會和全體都會對你說：你這樣是不對的，你必須那樣，你看，別人都能夠那樣……；當你被譴責成：你必須達到某種完美，某種別人所謂的成功與價值時，新的目標會不斷加諸於你，你要結婚、你要生個小孩、你應該像某某人那樣……，「你……了沒？」永遠在譴責你。

但當你「聽進去」了那些目標和那些完美的理想存在時，你就繼續被譴責、被壓得透不過氣，你只能依照別人的意見來生活，一直繼續在收集別人的意見，你對你自己的存在已經完全沒有了自信。

只有當你出離，當你心裡沒有任何東西來塞滿你、限定你時，「空」就會出現，「空」才會存在，當「空」存在時，五蘊的色受想行識都會失去了重要性，彼岸的智慧也就因此而產生，這就是出離的簡單要義。

🪷 離諸塵染是生命智慧

那麼要從哪裡出離呢？從我相、我所出離，從人相、眾生相出離，從從死亡出離，從離諸塵染著手，恢復您原本具有的清靜本性。

■ 大圓鏡智，謂如來眞智，本性清淨，離諸塵染……，洞徹內外，無幽不燭。如大圓鏡，洞照萬物，無不明了，是名大圓鏡智。（成唯識論）

學佛不要太壓抑自己，生命裡並沒有別人，只有一顆心，沒有東西，沒有擁有者，沒有好與壞，沒有強與弱，沒有生與死，是人們自己心裡有分別、有執著、有比較時，生命開始沉重了起來，出離與自在就是讓生命沒有負荷，不染不著，苦才能止息，出離與自在也是學佛的人心中「血氧濃度」的指標，一個人身體一旦缺氧，尤其是大腦，當然會導致你理解力、記憶力、幸福感受度、憂鬱出現度……都出現問題，只有保持出離與自在才有可能「苦滅」。

■ 諸賢！云何愛滅、苦滅聖諦？謂眾生實有愛內六處：眼處，耳、鼻、舌、身、意處。彼若解脫，不染不著，斷捨吐盡，無欲、滅、止沒者，是名苦滅。（中阿含經第7卷）
■ 「諸比丘！我以如實知此五受陰味是味、患是患、離是離故，我於諸天、若魔、若梵、沙門、婆羅門、天、人眾中，自證得脫、得出、得離、得解脫結縛，永不住顛倒，亦能自證得阿耨多羅三藐三菩提。（雜阿含經第13經）

第二十章
實無有法名為菩薩

🪷 沒有人能清晰定義價值

緣起性空、無常無我、寂靜涅槃，當然是檢視學佛與否的重要內容，但除此之外，一個學佛之人，能夠較一般人得以「滅苦」還有一個重要表徵，就是對人間有為法一切存在的「定義」不會人云亦云，因為「苦滅」的有情眾生會有一個清楚的教導：「實無有法名為菩薩」。

■ 須菩提，若菩薩作是言，我當莊嚴佛土，是不名菩薩。何以故，如來說莊嚴佛土者，即非莊嚴，是名莊嚴。須菩提！若菩薩通達無我法者，如來說名真是菩薩。（金剛經第17分）

■ 「善現！若諸菩薩作如是言：『我當成辦佛土功德莊嚴。』亦如是說。」
善現答言：「不也，世尊！無有少法名為菩薩。」佛告善現：「……何以故？善現！佛土功德莊嚴佛土功德莊嚴者，如來說非莊嚴，是故如來說名佛土功德莊嚴佛土功德莊嚴。善現！若諸菩薩於無我、法無我、法深信解者，如來、應、正等覺說為菩薩菩薩。」（玄奘譯本金剛經）

🈩 須菩提，如果菩薩這樣說：「我將會創造出莊嚴和諧的佛境」，那一定是講的不真實，為什麼呢？如來並沒有教導過任何的莊嚴和諧；可以用言語形容的所謂莊嚴和諧佛境，都只是

語言文字這樣描述而已，都絕對不是真正的莊嚴和諧佛境，須菩提，如果有菩薩身深刻瞭解一切法無我的真實意義，如來會說這是名真正的菩薩。

🪷 實無有法能定義價值

世間有為法思維都會被二元對立、有我、分別、執著、妄想所綁住，因此，所描述或呈現的事理都難逃「是一就非二」、不會改變、不能改變的狹隘定義，因此，佛陀一而再、再而三地在《金剛經》中強調：

■ 須菩提言：不也，世尊。何以故？實無有法，名阿羅漢。（金剛經第9分）

■ 須菩提，實無有法，名為菩薩。（金剛經第17分）

■ 須菩提，實無有法，發阿耨多羅三藐三菩提心者。（金剛經第17分）

■ 我相即是非相，人相、眾生相、壽者相即是非相。何以故？離一切諸相，則名諸佛。（金剛經第14分）

所以說，終日想求得深奧佛理，想在佛經文字糾纏中醒過來的人，你會大失所望，佛會說：無有少法名為深奧佛理，無有定法如來可說。

■ 須菩提，於意云何，如來得阿耨多羅三藐三菩提耶？如來有所說法耶？須菩提言：如我解佛所說義。無有定法，名阿耨多羅三藐三菩提。亦無有定法，如來可說。何以故？如來所說法，皆不可取，不可說。非法，非非法。所以者何，一切賢聖，皆以無為法而有差別。」（金剛經第7分）

■ 須菩提，發阿耨多羅三藐三菩提心者，於一切法，應如是知，如是見，如是信解，不生法相。須菩提，所言法相者，如來說，即非法相，是名法相。（金剛經第31分）

■ 若心有住，則為非住。（金剛經第14分）

❧ 無有少法可得

這就是佛法「無法可得」的真義，有所得的法，都只是「心外之相」，而想發願走向菩薩道的人，連「會得的相」、「能得的相」都要去除，連心都空了，那裡還有個「菩提法」可得？沒有能得的人，也沒有所得的法，覺知到「當體是空」，內心所有相就都會只剩清淨無為。

■ 佛告具壽舍利子言：「舍利子！菩薩摩訶薩修行般若波羅蜜多時，應如是觀：『實有菩薩不見有菩薩，不見菩薩名，不見般若波羅蜜多，不見般若波羅蜜多名，不見行，不見不行。』……

舍利子！此但有名謂為菩提，此但有名謂為薩埵，此但有名謂為菩提薩埵，此但有名謂之為空，此但有名謂之為色、受、想、行、識。如是自性無生、無滅、無染、無淨，菩薩摩訶薩如是行般若波羅蜜多，不見生、不見滅、不見染、不見淨。何以故？但假立客名，別別於法而起分別；假立客名，隨起言說如如言說，如是如是生起執著。菩薩摩訶薩修行般若波羅蜜多時，於如是等一切不見，由不見故不生執著。（玄奘譯大般若波羅蜜多經第4卷）

🪷 無有少法可定義

除法理中，實無有法名爲菩薩，無有定法如來可說之外，對於世間事理更是如此，「苦滅」之人，心無所繫著，不會沉迷糾纏在絕對價值的爭論中，所謂「絕諸戲論」、遠離爭論，見道之人不隨「是非」起舞，不隨「若垢若淨」起舞，心中自有如如定見：

- 無有少法名爲莊嚴佛土
- 無有少法名爲尊嚴
- 無有少法名爲成就
- 無有少法名爲偉大
- 無有少法名爲幸福
- 無有少法名爲人生必經之路
- 無有少法名爲生命的意義
- 無有少法名爲慈悲
- 無有少法名爲好先生、好太太
- 無有少法名爲卓越管理
- 無有少法名爲美
- ⋯⋯

甚麼叫美？歐洲皇宮在巴洛克、新古典、文藝復興各種美學元素加入後，精緻華麗，金碧輝煌，屋頂沒有一點丁空白；但是日本美學三要素卻是侘寂、物哀與幽玄，強調生命不可能圓滿，月圓是美，月缺更是另一種美，花開是美，葉落凋零更是美，甚麼叫美？無有定法名爲美，在不圓滿的人生找到心靈的圓滿，佛陀說那才是生命的寂靜所在。

眾生以爲眞實的，其實都是自性見，戲論相；不是放諸四海皆準；法性空無，才是一切法的眞相，舉一個「無有少法名爲慈悲」給大家做參考比較。在一個社會中募集眾人的錢去救濟貧窮，這無疑是最溫暖、

最慈悲的義舉，畢竟助人為快樂之本；可是這種事看在北歐福利國家丹麥、挪威、芬蘭、冰島、瑞典眼裡，就會覺得「不可思議」，怎麼會這樣呢？

🪷 無有少法名為慈悲

北歐國民一般都奉行「政府透明廉能、人民純樸善良、尊重民主人權」三大信念，人民信奉「幸福人生，全體同享」，百姓認為：「不要以為自己比別人好、比別人聰明、比別人重要、比別人知道得多。」只有「互助幫助、互相尊重」才是真理，居住在極酷寒艱困的氣候，他們會通過更緊密的相互支持，讓彼此團結相聚在一起，天下雜誌曾報導：「你也可以在農莊聚落看到這一點，大家一起搭建穀倉，不會特別去問誰付錢，所以，更嚴寒的天氣可能真的會讓社會支持更容易。」

因此當他們聽到「向眾人集資來接濟貧窮」時，都會訝異：

● 為何不朝社會制度去改善？

● 有心出錢濟貧，為何不願多繳一點稅？

● 這樣的濟貧如何能夠全面性？如何保證長遠性？如何排他性？社會可以拒絕誰不適合做這種事嗎？因為有可能收入大於支出。

● 怎麼證實推動單位，「金錢使用效率」會優於政府？

● 既然是使用大眾辛苦賺得的錢，何以還要冠上「慈悲」二字？

🪷 繳稅就是慈悲

北歐政府與人民不是不願再多拿出錢做慈悲的事，但他們國家「從搖籃到墳墓」都有人照應，「繳稅才是真正的慈悲」，這是他們的體認。

菩提明心花開見佛

　　2018年全球最快樂的國家，依序為芬蘭、挪威、丹麥、冰島、瑞士，而瑞典在他們受教育的過程中，老師不會特別強調做一個醫生跟做一個工人的人生有多大差異，更不會允許「有些人是比較慈悲的，而有些人比較不慈悲」，這些國家都已經具有高人均GDP、較高出生率、婦女勞動參與率高、高齡人口勞動參與率高，完善的社會服務系統，而且比美國人更加「樂意繳稅」，他們對政府非常信任，相信政府會全面性地照顧到更弱勢族群。

　　明白「無有少法名為慈悲」了嗎？你以為的慈悲善舉，在他們福利國家看來是另外一個問題：你怎麼證明你的「金錢的使用效率」會比政府高？比較精算？比較具有「全面性」？比政府更可以「被信任」？誰可以拿出所有的募款資金使用規劃與流向明細？

　　當然對一些非北歐福利國家而言，社會集資去照顧到弱勢族群，這當然是慈悲與善舉，而且是開發中與未開發國家社會均衡的重要力量之一，但不能說是絕對，因為各個不同朝代；不同國家，不同社會階級，每個人，都有自己的慈悲定義。

　　人世間的事理並無定法，也無定理，難以究竟，這是「苦滅」應該有的覺知：實無有法名為菩薩。

■般若將入畢竟空，絕諸戲論；方便將出畢竟空，嚴土熟生。
　（大智度論）

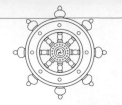

第二十一章
涅槃寂靜

諸行無常、諸法無我、涅槃寂靜，是所有佛教派別與法門的共識，也是檢驗佛理「是否如法」的重要指標，我們稱爲「三法印」，好像「原留印鑑」一般，是佛理最終正確與否的檢驗關卡，而這其中「寂靜涅槃」正是「苦滅」的終極目標之一。

- 時，長老闡（ㄔㄢˇ）陀晨朝著衣持鉢，入波羅奈城乞食。食已還，……處處請諸比丘言：「當教授我，爲我說法，令我知法、見法。我當如法知、如法觀。」
  時，諸比丘語闡陀言：「色無常；受、想、行、識無常；一切行無常，一切法無我，涅槃寂滅。」（雜阿含經第262經）
- 一切有爲法無常，一切法無我，寂滅涅槃，是佛法義，是三印，一切論議師所不能壞，雖種種多有所說，亦無能轉諸法性者，如冷相無能轉令熱，諸法性不可壞，假使能傷虛空，是諸法印如法不可壞。（大智度論）

🪷 心的寂靜

我們經常以某種方式在「消耗」我們自己的生命能量，我們活在別人的「嘴巴」裡，我們活在別人設計的「商業圈套」裡，我們必須看出：這是不對的，生命本是自然、喜悅、躍動，青蛙如此、珊瑚如此、

菩提明心花開見佛

鮪魚如此、青松翠柏如此、蜜蜂也是如此，但只有人會深深苦惱於外在物資與心識的「有無」與「分別」之中，所有其他有情眾生，誰不是天天辛苦在過活？老鷹、螃蟹、螳螂……想吃一頓大餐，哪有那麼容易？而所謂萬物之靈，怎麼就特別愛煩惱？

佛陀明確地告訴我們：「無論你擁有甚麼，到頭來它終將幻滅，如果你的寧靜和快樂是由某種東西所引起的，那它一定會消失，那個『被引起的』，絕不可能是永恆」。

■ 拘禁我們一生的監獄必須打破，愚癡一直是自己監獄的看守人。（西藏生死書）

❀ 快樂、喜悅、慈悲才是生命

因此，如果你想要深入去了解和探索自我生命的「深度」和「維度」，其實不需要經過任何人允許和同意，只要你想去做，就可以積極踏出第一步，快樂、喜悅、慈悲……才是生命能量充滿、蓬勃發展、精彩躍動的表徵，而所謂醒悟自己，其實就是「重新啟動自己」的開關，提升和找到自己的內心層次，不是改變自己喔，醒悟自己不需要改變，因為你所「依止」的「寂靜自性」它本來就存在，它本來就是你的原始面貌，你只需覺悟它，把它「覺知」出來而已，重新按reset而已。

那甚麼是所謂「寂靜涅槃」呢？涅槃並非是「死掉」的意思，涅槃只是針對苦集讓「苦滅」而已。所謂「苦滅」，要滅的內容是甚麼呢？就是要滅除我執、五蘊、貪瞋癡與煩惱。如果對自己面對我執、五蘊、貪瞋癡與煩惱都一直「習以為常」的人，當然只會讓「苦集」不斷地衍生與流轉；但當一個人對自己的我執、五蘊、貪瞋癡與煩惱有所「覺知」時，就不會迷惘，如果心無罣礙，能遠離這些顛倒夢想時，這種境界就稱為「寂靜涅槃」，這種「寂靜涅槃」是一種「真實明淨的般

若智慧」，不是分別執著的妄想，更不是人世間所昧的「智商」或「智慧」，是覺知到我們原本就有的「般若智」。

■ 汝等凡夫，不觀自心，是故漂流生死海中。諸佛菩薩能觀心故，度生死海，到於彼岸。（大乘本生心地觀經）

✿ 你根本不會消失

當我們一旦重新認識了自己，這時我們的恐懼將會消失，生命將是一個全新的自己，不再世俗，不再平凡，你將看到一切存在的自信、奧妙和喜悅，當你走進「寂靜涅槃」，進入自己最內在的核心時，只有純粹的覺知，只有那個「純粹」。

從自性的角度來看，你並不是「突然」就出現在這地球，突然就「發生」，其實你是一個連續，是宇宙的基本結構，你根本不可能會消失，但事實卻是「你害怕自我會消失」，你的自我、我執、我所阻礙了你對「真正自我」的認識；在這種的情況下，只有你靠自己的覺醒才是自我內心的境界提升，也只有在自己「心的覺悟」之後，真知灼見才會因此而產生，你必須讓無我、存在本身、生命本源、自性，帶領你到下一個旅程，一個安詳、喜悅、純粹、寂靜的旅程，這不是甚麼得到，因為自性本就如此，它一直都是如此。

■ 以無所得故，菩提薩埵。依般若波羅蜜多故，心無罣礙；無罣礙故，無有恐怖，遠離顛倒夢想，究竟涅槃。（心經）

✿ 坐擁珍寶而不自知

法華經中的「衣珠喻」對「般若智慧」解釋得最為貼切，有一個人

到親友家中做客，因喝酒而醉倒，此這時親友必須外出，因此便將一顆珍貴的「無價寶珠」縫繫在已經喝醉友人的衣服內裡，送給友人，萬一他日生活情境不盡如意可以拿去變賣。但這友人醉臥在地，竟然一點都不知道這件事，後來此人又遊歷各處，還是衣食不濟，到處向人乞索，生活過得甚是艱難；過了幾年，又遇到贈與珠寶之親友，親友訝異的問他：「你怎麼過得如此窘迫？我過去就是擔心你可能會遇上生活艱困，因此便以一顆無價寶珠縫繫在你的衣服裡面，你竟然全不知道，坐擁無價珠寶卻只能做些低苦勞力堅困過活，你實在太愚癡了。」

實在是太愚蠢了，坐擁價值億萬的無價珠寶，自己全然不知，辛苦工作還三餐不繼，世人也是如此，「何其自性，本自具足」，清淨心本來具足，卻一生苦於煩惱，四處拜神算命，顛倒夢想於自我與五蘊。

■ 世尊，譬如有人至親友家，醉酒而臥，是時親友，官事當行，以無價寶珠繫其衣裡，與之而去。其人醉臥都不覺知，起已，遊行，到於他國，為衣食故勤力求索，甚大艱難，若少有所得，便以為足。（法華經五百弟子受記品）

■ 善男子：道與菩提及以涅槃，悉名為常。一切眾生常為無量煩惱所覆，無慧眼故，不能得見；而諸眾生為欲見故，修戒定慧，以修行故，見道、菩提及以涅槃。（大般涅槃經）

苦滅，是一種心靈模式，不是甚麼收穫，是「無智亦無得」，看不見，也講不出來，也無從印證，一個苦滅的人站在你旁邊，你也無從知悉，因為無所得才「樂於我淨」，才感受到佛性。

■ 菩薩摩訶薩無所得者，名常樂我淨。菩薩摩訶薩見佛性故，得常樂我淨，是故菩薩名無所得。（大般涅槃經）

🪷 讓自性重新掌舵

那麼寂靜涅槃的具體簡單思維是甚麼呢？是離於我執與我所，我們必須知道，你，並非只是一種「符號」或「名字」，你，也不是單純的一種「形體」，你，超越這兩者，「超越」所有我們能認知理解的概念，你生命之始就曾經在「存在」的擁抱之中，但在經年累月持續的「知識」累積之後，你開始離開「存在」愈來愈遠，最後完全被無法究竟的「受」所塑造，變的非常有限而狹隘無知。

■ 在於閑處，修攝其心。安住不動，如須彌山。觀一切法，皆無所有。猶如虛空，無有堅固。不生不出，不動不退，常住一相。（妙法蓮華經安樂行品）

🪷 菩提自性，本來清淨，但用此心，直了成佛

因此只有你放棄夢幻泡影的「虛假人格」，放棄腦識中「虛假認同」，離開永遠「不完整」的知識，讓「沒有思想」的頭腦回歸，讓「無我」重新掌舵，讓「自性」重新掌舵，不是要採取任何方法，而是不要「心向外緣」，不作「分別」，不接受「認同」，當下就會是「清淨心」顯現，當下就會是「寂靜心」顯現。

■ 菩提自性，本來清淨，但用此心，直了成佛。（六祖壇經行由品）
■ 無上菩提，須得言下識自本心，見自本性，不生不滅，於一切時中，念念自見萬法無滯，一真一切真，萬境自如如，如如之心，即是真實。（六祖壇經行由品）
■ 善知識。菩提般若之智。世人本自有之。只緣心迷。不能自

悟。須假大善知識。示導見性。當知愚人智人。佛性本無差
別。只

- 迷悟不同。所以有愚有智。（六祖壇經般若品）
- 心生種種法生，心滅種種法滅。（楞嚴經）
- 若攝心者，心則在定。心在定故，能知世間生滅法相。（佛遺教經）
- 世間無知，惑爲因緣，及自然性。皆是識心分別計度，但有言說，都無實義。（大佛頂首楞嚴經）

「寂靜」，是從諸行無常、諸法無我的緣起法中體現其寂滅性，當你藉由觀照，使自我透通清淨，離開人間有爲法，跳脫二元對立的比較思維，貪瞋癡根本煩惱已盡，就是進入「涅槃」的境界，「涅槃」也就是「自性實相」，是一切法離染的實相。合起來說，滅除貪、瞋、癡、慢、疑諸煩惱，達到身心俱寂的一種解脫境界，就是「寂靜涅槃」。

- 複次，佛子！如來智慧無處不至。何以故？無一衆生而不具有如來智慧，但以妄想顛倒執著而不證得；若離妄想，一切智、自然智、無礙智則得現前。（華嚴經）

🪷 讓生命優雅從容

當一個人保持著有「寂靜涅槃」的心靈品質，那麼生命將充滿著「優雅」與「從容」，不必刻意要去做甚麼，一定要去完成甚麼，生命的本質本來就是圓滿與美麗，沒有附帶任何契約條款，就單純地讓所有的一切，優雅從容地發生，即使是死亡來臨，也是一樣，就讓它優雅從容地發生，如此而已。

以上這六種覺悟思維正是「苦滅」的呈現，佛陀證悟之後，於古印

度恆河沿岸地區傳法45年，除了缽碗和簡單衣服，沒有多餘華麗衣服、沒有錢、沒有穿鞋、沒有馬車、沒有醫藥箱、沒有隨身武器、沒有明天的餐食⋯⋯，就這樣不停的走著，走在當時只有20%左右的人信奉佛教的古印度，走在婆羅門教「種性制度」深刻明顯的古印度，走在充滿敵意的傳法路途，但佛陀內心卻堅強無比，佛陀內心永遠是清淨、寂靜與喜悅，因為「苦滅」，如來永遠能照見世間實相：

- 諸相非相
- 如來真實義
- 應無所住
- 出離與自在
- 實無有法名為菩薩
- 涅槃寂靜

■ 閻浮車問舍利弗：「謂涅槃者，云何為涅槃？」
舍利弗言：「涅槃者，貪欲永盡，瞋恚永盡，愚癡永盡，一切諸煩惱永盡，是名涅槃。」（雜阿含經第18卷）

■ 一切諸法，唯依妄念而有差別。若離心念，則無一切境界之相。（大乘起信論）

■ 三世諸佛，依般若波羅蜜多故，得阿耨多羅三藐三菩提。

譯 不管是過去成佛、現在成佛、還是未來即將成佛的眾菩薩，都是依照這些修行菩薩道的方法求得智慧，得到至高無上的正等正覺。

菩提明心花開見佛

第四篇 道

滅苦修行的道跡與次第

佛陀因爲深刻感受到人間有諸多煩惱及痛苦，因此離家去追尋滅苦之道，在證悟無上正等正覺之後，開始向世人說法，從「初轉法輪」開始直到佛陀圓寂，佛陀始終有系統地、有架構地介紹在「苦集滅道」四聖諦，也就是苦的生成與種類、苦產生的原因、苦滅後的覺知，以及要達成苦滅的具體步驟與順序，而最後這個「道」就是所謂「滅苦修行的道跡與次第」。

　　「道」是佛法中能依止、能修行、能滅苦的具體行動準則，佛法中是因爲有「道」，因此佛法才不會淪爲空洞抽象的「概念」，而是「可以被經驗」的行動指南，這四聖諦當然是「所未曾聞」的全新發現，佛陀證道之後說法的第一句話，就是讓大家知道四聖諦是「前所未聞」的法門，佛陀逐步地、詳盡地說明四聖諦，依照「知出」、「斷出」、「證出」、「修出」去實際體驗，佛陀的傳教與說法，也就是我們所稱的「轉法輪」。

> ■ 如是我聞：一時，佛住波羅捺鹿野苑中仙人住處。爾時、世尊告五比丘：「此苦聖諦，本所未曾聞法，當正思惟時，生眼、智、明、覺。此苦集，此苦滅，此苦滅道跡聖諦，本所未曾聞法，當正思惟時，生眼、智、明、覺……。（雜阿含經第379經）
>
> ■ 復次、比丘！此苦聖諦，已知、已知出，所未聞法，當正思惟時，生眼、智、明、覺。復次，此苦集聖諦，已知、已斷出……，苦滅聖諦，已知、已作證出，……，苦滅道跡聖諦，已知、已修出，所未曾聞法，當正思惟時，生眼、智、明、覺。（雜阿含經第379經）

菩提明心花開見佛

　　所有達成佛境界的方法，我們稱爲「道」，由於修行的目標與階段不盡相同，「道」也衍生出各種所謂的法門，有人用「念佛」來滅貪瞋

癡，有人用「參禪」來覺知清淨心與自性，有人用「布施」來精進慈悲心，有人用「持咒」來靜心、定心，有人用「苦行」來參悟……，所有的修行都是爲覺知那「所未曾聞」的滅苦之道；但大致而言，「滅苦之道」包括以下幾個內容：

- ● 八正道——進入靈山之前的「心靈清潔劑」
- ● 六度波羅蜜——「安住佛法」的六根信念大柱
- ● 戒定慧——修行的教戰守則
- ● 出離——離苦得樂，解脫之道
- ● 無上正等正覺
- ● 他方佛國世界與其他修行法門

所謂「苦當知，集當斷，滅當證，道當修」，四聖諦的最後行動目標還是在「道」，透過「滅苦之道」的修行，才能透過這「所未曾聞」的奇妙覺知充實自己：

- ● 重新「管理」我們的生命能量
- ● 重新「分配」我們的生命內容比重
- ● 轉化我們的「內在感知」
- ● 重置我們對色受想行識的認知
- ● 將心安住在我們的眞如自性

「道」的目標在讓我們內心少一些煩惱與痛苦，多一些平靜和喜悅，如果你有靈敏度去感受你內在和外在，那麼生命的一切都會是喜悅平靜並且從容優雅，修行除了「道」，實在也沒有更好的方法。

■ 佛說苦諦，眞實是苦，不可令樂。集眞是因，更無異因。苦若滅者，即是因滅，因滅故果滅。滅苦之道，實是眞道，更無餘道。（佛垂般涅槃略說教誡經）

第二十二章
八正道

　　為什麼八正道是進入靈山之前的「心靈清潔劑」？因為佛陀講完苦集滅道的概念，當然弟子會急著想知道：那我們應該如何做？如何安住內心？佛陀提出了第一步：「八正道」，我們想修行達到最高境界「寂靜涅槃」的八種方法和途徑，「八正道」也稱做「八船」或「八筏」，是從此岸度到彼岸的「工具法船」，也是學佛者一定要具備的正確知見。

　　佛陀開始了進入「道」的宣說，八正道正是第一課：

■ 云何世間滅道跡？謂八聖道，正見、正志、正語、正業、正命、正方便、正念、正定。佛說此經已，諸比丘聞佛所說，歡喜奉行。（雜阿含經第9卷）

　　這八種精進的方向、正確的覺知就是：正見、正思、正語、正業、正命、正精進、正念與正定，非常簡潔而明確，一般人學佛都是「依師父」所說、「依寺院」所排定的課程在學習、依自己喜歡、突然遇到的某因緣……在認識佛學，而忽略了第一手的佛經、第一篇的教義，是要先「建立」八個基本的所有心識參考準則，想入靈山，先淨其念，先定其意，八正道就是「心靈清潔劑」，先讓蒙塵的自性汙垢能夠清潔，清楚地重新展現出來，再進一步談其他，好像想要享受「大樹底下好乘涼」，只能先種樹，而八正道正是進入靈山的八顆「心靈種子」。

菩提明心花開見佛

🪷 正見

正見又稱為諦見，能正確體見諸法之真實而不偏差，堅持佛教四聖諦的真理都是正見；簡單的說，就是正確的佛理知見，一種如實的智慧觀照，正見非但是八正道中的基礎內容，也是「般若智慧」之基礎內容。

■ 諸比庫，什麼是正見呢？諸比庫，苦之智、苦集之智、苦滅之智、導至苦滅之道之智。諸比庫，這稱為正見。（巴利大藏經長部第22卷）

一個對佛理有興趣之人，最需要了解的就是四聖諦-苦集滅道，除此之外，苦、空、無常、無我也是四種基本正見：
一、無常：一切諸法皆因緣所生，永遠都是一直在變化，生滅不停息。
二、苦：人生八大苦緊緊跟隨。
三、空：一切有為法就是會變化、無法掌握、不具獨存性。
四、無我：人身為五蘊之集合，緣生緣滅，沒有不變而永存的自我可以永遠存在或延續。

有哪些方法可以獲得正見呢？親近善士、聽聞正法、如理作意、法隨法行這四種方法都能讓人增進正見。正見是對一切法的正確認知，了知諸法真相，不至於偏差誤謬，因此想一窺出世智慧就是建立自己的正見、遠離邪見。

■ 四預流支者：一、親近善士。二、聽聞正法。三、如理作意。四、法隨法行。（集異門論第6卷）

- 正見名出世，邪見名世間。（六祖壇經般若品第二）
- 若人生世間，正見增上者，雖歷百千生，終不墮地獄。（雜阿含經第28卷）
- 何等為正見？謂說有施、有說、有齋，有善行、有惡行，有善、惡行果報，有此世、有他世，有父母、有眾生，有阿羅漢善到、善向，有此世、他世自知作證具足住：我生已盡，梵行已立，所作已作，自知不受後有。（雜阿含經第28卷）

🪷 正思

正思、正思維，有時翻譯做「正志」，正思維的「目的」在建立「諸行無常」，在修「無常想」。

- 諸比丘！云何修無常想，修習多修習，能斷一切欲愛、色愛、無色愛、掉、慢、無明？若比丘於空露地、若林樹間，善正思惟，觀察色無常，受、想、行、識無常。如是思惟，斷一切欲愛、色愛、無色愛、掉、慢、無明。所以者何？無常想者，能建立無我想，聖弟子住無我想，心離我慢，順得涅槃。（雜阿含經第270經）

當一個人執著愛欲，喜歡這個，追尋那個，堅持某種理念，厭惡那件事、討厭那個人，都是對「無常」沒有深刻認識，沒能體會健康、工作、財富、感情、車、房、家具、機械設備、容貌、體力、美景……，都是「一直在變動」的東西，都是「無常」，學佛與否，從每個人心識對「無常」感受強烈程度就可以略知一二。

人生壽命短薄，百千計較，最後葬禮祭文還不都是這二句話：「山中雖有千年樹，世上難逢百歲人」，你如何計較？人過世之後，所有記

憶、祕訣、情感、資產、經驗、閱歷、手腕、朋友……都將無處尋覓，找誰傳承？向誰訴說？兒孫自有兒孫苦，頂多幫你掃掃墓，誰記得你的一切？除了你生命的「相隨眾」以外，無人真正知曉，但每個人生命期的「相隨眾」卻注定和你一起同步滅逝，你想在意甚麼？

■ 文殊當知，愚癡眾生，不覺不知，壽命短薄，如石火光，如水上泡，如電光出，雲何於中不驚不懼，雲何於中廣貪財利，雲何於中耽淫嗜酒，雲何於中生嫉妒心。如此生死，流浪大海，唯有諸佛菩薩能到彼岸，凡夫眾生定當淪沒。無常殺鬼來無時節，縱有無量無邊金銀財寶，情求贖命，無有是處。（佛說長壽滅罪護諸童子陀羅尼經）

能做「無常正思維」，才有可能建立「無我想」，也只有「無我想」的人，才能「心離我慢」，甚至挑戰寂靜涅槃。

■ 若能生一念正思惟者，則久劫煩惱，悉皆自滅。（佛性論）
■ 諸比庫，什麼是正思惟呢？出離思惟、無恚思惟、無害思惟。諸比庫，這稱為正思惟。（巴利大藏經長部第22卷）

如果一個人的思維，能時時不忘：出離貪念、遠離恚恨、滅除殘害並生慈悲心，如實引導他人如理如法的般若智慧，這些正是「正思維」的體現。

❧ 正語

正語是「言無虛妄」的意思，一個人學佛之前與學佛之後，別人和自己的接觸，都還是「語言」會最先接觸，當然語言會包括你所表現出

你心念與心識，但這其中有甚麼類型的言語，我們要先去避免呢？很簡單，「跟著佛陀學說話」就是最佳的引導及示範。

■ 須菩提！如來是眞語者、實語者、如語者、不誑語者、不異語者。（金剛經第14分）

· 眞語：是佛陀講的都是眞話，都是事實、眞理，而不是相反，如來不講相反的假話。

· 實語：是「如實宣說」的意思，諸法空相，眞實宇宙道理是甚麼、佛陀證悟甚麼，就直接說出事實。

· 如語：是事情是怎麼樣就怎麼說，完全與眞實情況相符合，一點也不增加，一點也不減少，完全如實不造假；即使有時候會講到較高深佛理，這時眾生較不能聽懂，佛陀也不會因爲眾生聽不懂就牽就，佛陀從不妥協，聽不懂，佛陀依然是該怎樣講就怎樣講，如實宣說。

· 不誑語者：佛陀不打妄語，佛陀沒有在賣東西，佛陀沒有需要向誰妥協甚麼財物，佛陀不與世人爭辯是非，終其一生都在說法，因此不必誇大，不必嘩眾取寵。

· 不異語者：不會同一件事，跟甲說是這樣，跟乙講時又說是那樣，逢人說不同的話，佛陀從不這樣說話。

這是佛陀一貫的說話原則，是眞語者、實語者、如語者、不誑語者、不異語者，謂之「正語」。另外「正語」同樣這些內容可供比較：

■ 諸比庫，什麼是正語呢？離妄語、離兩舌、離惡口、離綺語。諸比庫，這稱爲正語。（巴利大藏經長部第22卷）

前面五項正語是佛陀「都這樣說」，接著這四種是「不應該這樣

說」的內容：

一、妄語：虛而不實的言語叫做妄語，例如說「謊言」，滿口不實的妄語，有時會讓他人信以為真，產生誤會，有時候則是會直接傷害到別人，使他人身心受創，也有些時候，「第二次」的謊言會讓自己失去別人的信任，當妄語變成一種習慣後，說妄語的人自己並無警覺。

二、兩舌：有些人言語反覆，前後不一，在這個人面前說這樣，到另外一個人那邊又說成那樣，就叫兩舌，也有些人喜歡搬弄是非，挑撥離間；把甲講的話故意講給乙聽，徒生事端，這也是兩舌。

三、惡口：有人喜歡在言談之間，有意無意帶著鄙視、不屑、尖酸刻薄、罵人髒話、威脅、批評、謾罵……等損人的卑劣言詞，這叫做惡口。這種人的言詞中，如同含針帶刺一般，經常使別人內心傷痕累累，言詞宛如利刀或暴風，使人非常不舒服，急於想離開。

四、綺語：是喜愛說一些過度虛假、胡亂稱讚他人的話，將言詞修飾得很漂亮，但動人的言語裡，卻沒有幾句是真實的，我們常說「天花亂墜」就是綺語的意思。喜愛誇大不實言論的人，多半能言善道，喜歡在別人面前逞威風，在商業行為中幾乎都會如此，但若是傳法或想真誠對人，綺語，能少則少。

　　以上四種即是我們修行時應該遠離的，不過大家也必須明白，完全不說謊話的人世上真的少之又少，尤其處在這個複雜的商業社會，為了業務，有些人你不得不接觸，言談之間，完完全全的真話，有時也難以在商業交易做應對；例如推銷一個金融商品，一味地過度渲染可能獲利機會當然不對，但一直強調其可能風險而完全不提及可能獲利機會，似乎也不是妥當的商業言詞，因此，100%的正語必須從時間上去慢慢修

正和調整，但不可偏離正語的特性：適時、真實、柔和、有益而無誑人之意圖。

此外，與人相處，當然最好是多講些「柔軟語」，「柔軟語」是心意柔和而隨順於道，多多鼓勵他人、耐心聽人訴說。

■ 菩薩摩訶薩修柔軟語，能破現在口四惡過，是柔軟語自利利他，能令眾生愛樂喜聞。（菩薩善戒經）

🪷 正業

正業是清淨善業，也就是「正當的行為」，不管是做人處事、平日言行，都應住於清淨之身業，經云：「何等為正業？謂離殺、盜、淫。」即是此意。

■ 諸比庫，什麼是正業呢？離殺生、離不與取、離欲邪行。諸比庫，這稱為正業。（巴利大藏經長部第22卷）

因此正業又稱正行，一切行為符合正念，除了不作殺生、偷盜、邪淫等邪行外，遠離「邪行」的意念與思維就是正行，孔子七十而從心所欲不逾矩，就是正行的概念。

🪷 正命

正命是正當的職業或工作，不管是就任公職、自行創業、受雇工作……，都應該在正當的合法工作下謀生，任何不同因緣的社會現實，都會讓我們有著各種不同的際遇，工作本身並無所謂好或壞，但都要始終保持警覺，遠離不正當的工作或事業，簡單的說，違法的工作就是要

菩提明心花開見佛

遠離。

■ 諸比庫，什麼是正命呢？諸比庫，於此，聖弟子捨離邪命，以
　正命而營生。諸比庫，這稱爲正命。（巴利大藏經長部第22
　卷）

【第四篇 道】

　所謂修行也是「演習」的意思，有一個違法但待遇優渥的工作在
詢問你的參與時，八正道、正業就是「事先演習」、「事先思考」的意
思，只要是「邪命」，不正當的工作，跟著佛陀直接說No，想都不想
就直接回答No，這就是正業的修行。

 ## 正精進

正精進是對「心念」之面對與對治，佛陀把它分作四項：
一、未生之惡、不善法的不生起
二、已生之惡、不善法的斷除
三、未生之善法的生起
四、已生之善法的住立

　對這四種尚未發生與已經發生之善法與惡念，都必須非常嚴肅去看
待，努力、積極、精進、策勉、精勤……來面對它、對治它。

■ 諸比庫，什麼是正精進呢？諸比庫，於此，比庫爲了未生之
　惡、不善法的不生起，生起意欲、努力、激發精進、策勵心、
　精勤；爲了已生之惡、不善法的斷除，生起意欲、努力、激發
　精進、策勵心、精勤；爲了未生之善法的生起，生起意欲、努
　力、激發精進、策勵心、精勤；爲了已生之善法的住立、不

忘、增長、廣大、修習、圓滿，生起意欲、努力、激發精進、策勵心、精勤。諸比庫，這稱為正精進。（巴利大藏經長部第22卷）

很多人花一生的精力都在管理財富、管理時間，從未就自己的「心念」做一個階段性的「管理」與「安住」，碰到不義之財要怎麼做，碰到無端辱罵要怎麼做，碰到不禮貌的對待要怎麼對應，碰到不正當的引誘要如何面對，碰到意義的問題、價值的問題、生死的問題……，心要如何安住？

其實這些才是我們學佛的真正「目的」，因為佛陀在證悟之初，對自己開始「進行了全面性的觀察與思考」，並且洞觀出一切有為法的真實相，因此對我們已碰到、正碰到、未來會碰到的所有事，都已經有一個「思考模式」去事先演練，讓未來做參考，而我們也可以在平常靜坐或內觀時，一個一個自行演練，將心安住，「正精進」正是這個意思。

這些「正精進」的努力與精進因人而異，有些人歷經數十載也整理不了幾個思緒，心永遠都在「每一件事」上重複思考，染污、繫著與罣礙始終嚴重存在，有學佛與沒學佛差別不大，但也有些人進展神速，很快就「深解其意」，舉一反三，走上覺悟之道也比別人快速。

■ 不起凡夫污染心，即是無上菩提道。修行不發菩提心，猶如耕田不下種。（華嚴經）

🪷 正念

正念是正確的觀念，知道「覺知自己」，專心憶念善法，這其中較簡單的正念就是「四念處」。

■ 諸比庫，此一行道，能清淨有情，超越愁、悲，滅除苦、憂，
得達如理，現證涅槃，此即是四念處。（巴利大藏經長部第22
卷）

四念處又稱四念住，即隨念於身、受、心、法的四種所緣：
一、觀身不淨
二、觀受是苦
三、觀心無常
四、觀法無我

念是憶念，住是安住，這就是「正念」，這四種「念」或「住」都
是修學佛法的階段，從離開妄想進而思惟正念、正法，去除不如實、不
如法的分別、妄想與執著，精進努力不懈，當一個人如果能四念住意，
即是證悟「阿羅漢果」的境界。

正定

你算命嗎？算命的說：「你60歲之後，會走大運」，你聽了高興
嗎？告訴你一個天大的祕密，如果你的生命要是有明確的「到期日」，
你早就掛了，死因是嚴重憂鬱症！

每個人從出生之後，心識交由「色受想」來掌控，因此我們對任何
東西都會產生「我執」，產生「認同」，身分的認同、價值的認同、好
惡身分的認同、感情的認同、追求財富的認同、家庭的認同、政黨的認
同、社會歸屬感的認同……，這些五蘊所產生的「我執」，就像錨一樣
緊緊勾住海床，讓你移動不得。

這些勾住你靈魂、牽動你心思的認同，會因你自己的主觀判斷而分
別引起「大小不同」的反應，有時浪費你一個下午時間在想它，有時讓

你氣一輩子，有時讓你朝思暮想；但是當你知道了自己的「到期日」、自己的「死期」之後，你的關注與被勾攝將是空前恐怖、空前震撼，因爲生命這東西是你所擁有之中最眞實也最珍貴的，眞的知道自己的死期，你的朝思暮想、日夜驚恐將超過你所經歷的一切。

我們常聽人說：「如過你只能再活一年，你想做甚麼？」這是何等幼稚而不恰當的問題，一個人只能再活一年，意味著他的存在、他的價值、他的認同、他的連續、他的故事⋯⋯都將在一年後化爲烏有，黯然終止於他所認識的一切，然後一個人孤單沉睡在億萬年的暗黑世界裡，他想做甚麼？他哪會有心情做甚麼？不到半年，他就憂鬱無法振作地走了。

也許聽人說，有人在醫生告訴他得到「不治之症」之後，反而更看得開，賣光資產一路玩到掛、玩到不亦樂乎，後來病也沒了，其實這是剛好相反的告知，醫生告訴他這種病目前並無良藥，只能放鬆心情「或許」有延緩生命的機會，這個被告知的不是「明確的死期」告知，而是「或許有機會」，有延緩生命的機會模糊的「可能告知」，是另一種生命「機會」的搏鬥，聽到這樣，人當然會站起來勇敢面對、激勵戰鬥。因此如果有機會碰到這種情況，除了告訴他「做你想做的事」外，還要勉勵他「有很多這種例子，忘了自己可能還能活多久，相反的，放開自我，優雅面對，從容面對，結果有很多人都打破醫生的猜測，活得好好的」，這才是使他人「正定」的柔軟語。

如果你的生命是有明確的「到期日」，你會承受不住的，你會朝思暮想，你會憂愁恐懼，你的「認同」、你的「錨」會勾住死亡，會讓你快樂不起來，除非你的生命智慧有所「定」，知道生命本來就「無壽者相」、「無我」，這個「定」，才會幫你「起錨」揚帆，會帶你走向眞實，帶你與生命一起飛翔，而不是背負重石塊爬行在泥濘之中。

正定，是對生命的「定」，防止我們被「錨」固定住卻想「揚帆啟航」，背負「百斤重石」卻想快步攀爬，「正定」讓你遠離「認同」，

菩提明心花開見佛

遠離「我執」，心「如如不動」，不會「被」刻意要求自己去做甚麼，不會「被」刻意去想甚麼，讓生命只是單純從容優雅地在我們身上發生，面對死亡也是一樣，「正定」讓你優雅從容地去接受，去讓它發生。

■ 如是我聞：一時，佛住舍衛國祇樹給孤獨園。爾時，世尊告諸比丘：「有五根。何等爲五？謂信根、精進根、念根、定根、慧根。若比丘於此五根如實善觀察，如實善觀察者，於三結斷知，謂身見、戒取、疑，是名須陀洹，不墮惡趣法，決定正向於正覺，七有天人往生，究竟苦邊。」（雜阿含第644經）

那麼「正定」要正甚麼？要定甚麼？正定就是要一心「住於性空、無我、斷疑」，讓你遠離有爲法的一切「認同」，將「心」拿來，讓佛陀爲你「安心」，當我們對佛理有堅定不疑的信心，能漸漸做到「身心寂靜，定於一心」，那就能「心不散亂」，遠離顛倒夢想，這就是「正定」。

■ 心生種種法生，心滅種種法滅。（大乘起信論）

沒有「正定」的人經常會「有所恐懼」，而恐懼只會一步一步趕走你的平靜，讓我們害怕未知，甚至害怕失去已有與已知，因而啟動了「恐懼循環」，讓你根本不敢挑戰，讓你動彈不得，讓你更依賴別人的意見與認同，最後讓自己朝錯誤的方向加速前進，讓自己更加迷惘，此時恐懼早已霸占了你的心，你也開始「忘了」找出解決問題的辦法，只有迷惘、煩惱還有憂悲惱苦愁。

■ 諸比庫，什麼是正定呢？諸比庫，於此，比庫已離諸欲，離諸

不善法，有尋、有伺，離生喜、樂，具足初禪而住；尋伺寂止，內潔淨，心專一性，無尋、無伺，定生喜、樂，具足第二禪而住；離喜，住於舍，念與正知，以身受樂，正如聖者們所說的：『舍、具念、樂住。』具足第三禪而住；舍斷樂與舍斷苦，先前的喜、憂已滅沒，不苦不樂，舍念清淨，具足第四禪而住。諸比庫，這稱為正定。（巴利大藏經長部第22卷）

　　學佛旨在「實修」，並非以「旁觀者」角度去理解，而修行並非要改在「外在」的行為，而是改變內在，讓我們的心，愈來愈自在，愈來愈安住，這才是「正定」。

　　有一次佛陀住舍衛國祇樹給孤獨園，問比丘說：「如果有乾柴20束、50束、百千束，積聚燃燒，然後又有人火上添柴，這個火會長夜燒燃嗎？」比丘們回答：「當然會啊，世尊！」佛陀說：「正是這樣啊，諸比丘！如果我們心念貪喜黏住、顧念、心繫著，就像幾千束乾柴燃燒一樣，當然會變成純大苦聚集。」

- 菩提薩埵。依般若波羅蜜多故，心無罣礙；無罣礙故，無有恐怖，遠離顛倒夢想，究竟涅槃。（心經）
- 是故須菩提，諸菩薩摩訶薩，應如是生清淨心，不應住色生心，不應住聲香味觸法生心，應無所住而生其心。（金剛經第10品）

　　能夠如實知「八正道」的人，也就是能理解「有為法」與「無為法」的分別，所謂「無為法」就是貪欲永盡，瞋恚、愚癡永盡，一切煩惱永盡時所生出的般若智慧，而奠定「無為法」的八大「識柱」正是此「八正道」，佛法並非微積分，並不是甚麼量子力學，需要艱深的數理基礎，學佛只是一種心靈實踐，一種「心」的新態度，貴在體驗與經

菩提明心花開見佛

歷，只是一般人說的多，做的少而已。

- 如是我聞：一時，佛住舍衛國祇樹給孤獨園。爾時，世尊告諸比丘：「當為汝說無為法，及無為道跡。諦聽，善思。云何無為法？謂貪欲永盡，瞋恚、愚癡永盡，一切煩惱永盡，是無為法。云何為無為道跡？謂八聖道分，正見、正智、正語、正業、正命、正方便、正念、正定，是名無為道跡。」

- 此甚深處，所謂緣起；倍復甚深難見，所謂一切取離、愛盡、無欲、寂滅、涅槃。如此二法，謂有為、無為。有為者，若生、若住、若異、若滅；無為者，不生、不住、不異、不滅。……彼何所滅？謂有餘苦。彼若滅、止、清涼、息、沒，所謂一切取滅、愛盡、無欲、寂滅、涅槃」。（雜阿含經第293經）

- 祖一日喚諸門人總來：「吾向汝說，世人生死事大，汝等終日只求福田，不求出離生死苦海，自性若迷，福何可救？」（六祖壇經行由品）

- 佛法大海，唯信能入。（大智度論）

第二十三章
六度波羅蜜

前章八正道可以說是「道」的八種「基本信念」，有了基本信念，就能依此踏出行動的第一步，這一步就是「行動力」，就是「執行力」，只有信念而不去實踐，不去經驗所知的內容，那最後只會停留在「知」與「解」的層面，這也是一般人學佛最容易停留的階段，佛經是有念了，禮佛也跪拜了，聽經聞法也如實參加了，然後呢？然後就回家去了。

■ 雖有多聞，若不修行，與不聞等；如人說食，終不能飽。（楞嚴經）

而最具體行動力的內容就叫做「六度波羅蜜」，波羅蜜又叫「度」，六種波羅蜜就叫六度，六度（梵語ṣaḍ-pāramitā）也可以說是指六種菩薩修行時所應具備的品德特質，分別是：布施、持戒、忍辱、精進、禪定、般若智慧，六度波羅蜜具備，渡生死苦惱大海，到達涅槃彼岸的基礎才算具備。

六度波羅蜜是總攝一切自利利他、利益一切眾生的法門，也是想達到心無罣礙的具體行動綱領。

🪷 布施

　　布施是將自己所擁有或所知道的捐贈予他人，捐贈金錢、物資、食物予他人的叫「財布施」，為他人傳授正知正見，傳揚善法教化的叫「法布施」，另外也有「無畏布施」，當我們遇到他人正面對恐懼時，能協助他人解決困難、疑難，在驚慌困境中給予支持與安慰，那怕是慈祥的容顏、親切的微笑、真心關懷的態度、柔和的聲音……，都能令他人能心生安定、安樂而遠離恐懼，這些都叫「無畏布施」。「身命布施」則是為他人犧牲自己的時間或生命相關，例如做義工、服務他人、照顧他人、無酬勞協助他人完成工作或工程、捐血、眼角膜捐贈、皮膚捐贈、骨髓捐贈、各種身體器官捐贈、供養承事佛法無有空過……都是「身命布施」。

　　財布施、法布施、無畏布施、身命布施中，以「法布施」價值最高，因為傳法的人，能一傳十、十傳百，將所學善法再傳授予其他人，像幾何級數一樣，法布施甚至能改變一個人的業力，不只影響今生今世，而是會影響甚多世，所以佛陀在經典中都極力強調此「法布施」的重要性，其福報是遠遠超過財布施、身命布施、無畏布施，財布施、身命布施、無畏布施經常只是讓一個人受惠，一小段時間受惠而已，只有「法布施」能在今生今世以及來生來世像幾何級數在受惠。

【第四篇　道】

■「須菩提！我今實言告汝：若有善男子、善女人，以七寶滿爾
　　所恆河沙數三千大千世界，以用布施，得福多不？」
　須菩提言：「甚多，世尊！」佛告須菩提：「若善男子、善女人，
　　於此經中，乃至受持四句偈等，為他人說，而此福德勝前福
　　德。」（金剛經第12分）
■須菩提！若有善男子、善女人，以恆河沙等身命布施；若復有
　　人，於此經中，乃至受持四句偈等，為他人說，其福甚多。

（金剛經第13分）

■ 須菩提！若三千大千世界中所有諸須彌山王，如是等七寶聚，有人持用布施；若人以此《般若波羅蜜經》，乃至四句偈等，受持、爲他人說，於前福德百分不及一，百千萬億分，乃至算數譬喻所不能及。（金剛經第24分）

布施是修行的最基本法門，布施也最能幫助我們破除「貪念」，消除「我執」，而布施時則應以「平等心」、「無所住心」去常行布施，如此便能招感更多福德，因為「預知來世果，今生做的是」，你的同理心喜歡幫助他人，你的業力自然會招感相同的「業」境，讓你來世生無論身處於何地、何境，都有同樣的人等著想幫助你。

另外，如果一個人只是看見別人布施，自己也同時能發自內心升起歡喜讚歎之心，那也是會招感相當大的福報，每個人的能力、因緣都極其有限，並非想布施就有餘力可以布施，想布施就有機會可以布施，但如果看見別人布施，不起忌妒心反而生起「歡喜心」、「讚嘆心」，那當然是「無緣大慈」的表現。

■ 佛言：睹人施道，助之歡喜，得福甚大。（佛說四十二章經）

✿ 持戒

一般人的言行，「法律」所規範是最後底線，絕不能踰越，而「道德」規範則是第二線，但學佛的人、發願菩薩道的人，如何遵守受持佛陀所制定的戒律，哪些事不應該做，哪些話不應該說，當然會有一些基本原則，這些遵守基本言行的警戒線稱做「持戒」。

持戒的目地在捨離惡行，建立自己的德行，持戒也是對治惡業的最佳方法，能持戒的人，心地清淨、少是非、少煩惱，戒律清淨，心能解

菩提明心花開見佛

脫自在。

　　對一般人而言，最簡單的持戒是戒「身、口、意」三業，也就是修身、修口、修心修意，尤其是修心修意，一切法由心想生，心不定、不淨、不慈，離解脫一無是處。

　　■ 此三種中，身輕、口中、意爲最重。（大乘義章第7卷）

　　在持戒時，尤其要在細微的罪惡上卽應予避免，在看似不起眼的想法，就能心生警惕起大怖畏，提醒自己，久而久之就成爲自然，根本不會犯戒。

　　■ 於細微罪生大怖畏，受持學戒，離殺、斷殺、不樂殺生，乃至一切業跡如前說。（雜阿含經第24卷）

忍辱

　　忍辱，是面對一切的際遇、攻擊或批評，不起煩惱心、瞋恨心，隨順自然，反而採取一種包容、接受、慈悲以對的心懷，是爲忍辱，如果說布施可以對治「貪欲」的話，忍辱就是對治「瞋恨」，讓一個人透過般若智慧思維的洗禮，以清淨心、悲憫心來面對、接受並安住於逆境，如果一個人能對一些不應該接受到的侮罵、批評、抹黑、蓄意打擊或是莫名其妙的閒言閒語，都能夠予以容忍諒解的話，那就是忍辱波羅蜜。

　　雜阿含經記載一個弟子「富樓那」尊者要前往西印度，要到一個叫「輸盧那」的地方傳法，臨行前來見佛陀，請求世尊爲其說法的故事。佛陀問富樓那：「西方輸盧那人相對比較兇惡、輕躁、弊暴、好罵，如果他們用這種態度對你，你要怎麼辦？……如果他們用石頭丟你，你要怎麼辦？……如果他們以刀杖棍棒對你，你要怎麼辦？……」富樓那回

答佛陀皆能以忍辱、同理心、慈心對應，佛陀稱讚富樓那「善學忍辱」足堪重任，可以前去西方遊行傳法了。

■ 富樓那白佛言：「世尊！我已蒙世尊略說教誡，我欲於西方輸盧那，人間遊行。」

佛告富樓那：「西方輸盧那人，兇惡、輕躁、弊暴、好罵。富樓那！汝若聞彼兇惡、輕躁、弊暴、好罵、毀辱者，當如之何？」

富樓那白佛言：「世尊！若彼西方輸盧那國人，面前兇惡、訶罵、毀辱者，我作是念：彼西方輸盧那人，賢善、智慧，雖於我前，兇惡、弊暴、好罵、毀辱我，猶尚不以手石而見打擲。」

佛告富樓那：「彼西方輸盧那人，但兇惡、輕躁、弊暴、罵辱，於汝則可脫，復當以手石打擲者，當如之何？」

富樓那白佛言：「世尊！西方輸盧那人，脫以手石加於我者，我當念言：輸盧那人賢善、智慧，雖以手石加我，而不用刀杖。」

佛告富樓那：「若當彼人，脫以刀杖而加汝者，復當云何？」

富樓那白佛言：「世尊！若當彼人，脫以刀杖而加我者，當作是念：彼輸盧那人賢善、智慧，雖以刀杖而加於我，而不見殺。」

佛告富樓那：「假使彼人，脫殺汝者，當如之何？」

富樓那白佛言：「世尊！若西方輸盧那人，脫殺我者，當作是念：有諸世尊弟子，當厭患身，或以刀自殺，或服毒藥，或以繩自繫，或投深坑。彼西方輸盧那人，賢善、智慧，於我朽敗之身，以少作方便，便得解脫。」

佛言：「善哉！富樓那！汝善學忍辱，汝今堪能於輸盧那，人

間住止。汝今宜去，度於未度，安於未安，未涅槃者，令得涅
槃。」爾時、富樓那聞佛所說，歡喜隨喜，作禮而去。……去
至西方輸盧那，人間遊行。

到已，夏安居，為五百優婆塞說法，建立五百僧伽藍，繩床、
臥褥、供養眾具，悉皆備足。三月過已，具足三明。即於彼
處，入無餘涅槃。（雜阿含經第311經）

當別人對你做出不合理的言行攻擊時，仍然不起瞋心，這是很不容
易做到的事，需要極大的忍辱心與慈悲心，學佛之人旨在「覺知法要」
並「普度眾人」，因此需要「面對面」與人說法，當面對尚未理解、不
如實知佛理的人而言，一開口就讓對方心悅誠服幾乎是很困難的事，尤
其對方可能已經有自己的信仰，因此「忍辱」當然會是必要的修行了，
像「富樓那」尊者就是一個很好的忍辱心態示範。

❀ 精進

「精進」是努力不懈怠，不會藉故拖延、偷懶，不逃避責任的意
思，一旦心中確定了方向和目標，便全心全力地投入，不畏艱鉅。精進
是可以對治怠惰、懈怠，為了積極地去修學無量善法，自然應該生起勇
往直前、堅毅、不屈不撓的精神去執行；但甚麼東西會障礙自己呢？懈
怠懶惰就是會障礙自己，此時我們只有堅持精進，精進自然能對治怠
惰、懈怠，無時無刻提醒自己：不可以懈怠放逸。

■ 世尊告諸比丘：「有五根。何等為五？謂信根、精進根、念
　根、定根、慧根。何等為信根？若聖弟子於如來發菩提心，所
　得淨信心，是名信根。何等為精進根？於如來發菩提心，所起
　精進方便，是名精進根。何等為念根？於如來初發菩提心，所

起念，是名念根。何等爲定根？於如來初發菩提心，所起三昧，是名定根。何等爲慧根？於如來初發菩提心，所起智慧，是名慧根。」（雜阿含經第659經）

在這裡「何等爲精進根？」於如來發菩提心，所起精進方便，是名「精進根」。所爲「根」卽是「基礎」，弟子五大「基礎」信念中，「精進」如何表現？發願走上菩薩道，從此積極不懈怠，克服一切困難，才是「精進」，學佛不是甚麼「放下」，孤獨一人，青燈木魚，不食人間煙火，絕對不是，卽使是佛陀，於舍衛城給孤獨園都還是每天「積極走向人群」托缽乞食，哪來看破紅塵、青燈木魚？精進波羅蜜才是正解。

有些時候我們常聽說，大乘佛教與南傳佛教在修行上有所不同，大乘佛法才有「發菩提心弘法、成佛」以自利利他，其實這並非眞實，從以上經文就知道，「聖弟子於如來發菩提心」早就是佛弟子信念與功課之一，非常平常；而且前篇「富樓那」尊者西行弘法，遊行人間，更是實例，佛陀所教導本就是發菩提心，『汝今宜去，度於未度，安於未安，未涅槃者，令得涅槃。』完全是發願走向菩提道，度衆生達到涅槃，哪來大乘、小乘？一切經「從阿含出」才是眞實。

🪷 禪定

禪定是把散亂的心收攝起來，專注於一處的意思。一個人心無雜念，就能夠集中專注，不爲內在煩惱和外境所干擾，達到一種安定、沉穩和清明的心境。

■ 外離相爲禪，內不亂爲定。心念不起，名爲坐；內見自性不動，名爲禪。（六祖壇經）

禪定旨在讓「正念」和「覺知」生起，發揮般若智慧的作用，才能攝諸亂心，一般人心亂如柳絮亂飛，如猴群騷動，難以靜止，必須靠禪定的力量，去讓攀緣之心澄靜下來，達到覺行圓滿的境地。

■ 菩薩因此發大慈悲心，欲以常樂涅槃利益眾生。此常樂涅槃，從實智慧生。實智慧，從一心禪定生。譬如燃燈，燈雖能燃，在大風中不能為用，若置之密室，其用乃全，散心中智慧，亦如是。……禪定名攝諸亂心。亂心輕飄，甚於鴻毛；馳散不停，駛過疾風；不可制止，劇於獼猴；暫現轉滅，甚於掣電。心相如是，不可禁止。若欲制之，非禪不定。（大智度論弟17卷）

禪也是「不著相」的意思，《金剛經》講「不取於相，如如不動」即是禪定，禪定的功能在於靜慮，讓身心清淨，不起顛倒迷惑。由於禪宗大師菩提達摩，這個歷史上真實的人物，曾在東土傳法，再加上六祖惠能這位天才的禪學家出世，禪宗法門就變成漢傳佛教的重要內容，重要禪定的核心理念，流傳至今，大家都能朗朗上口。

■ 菩提本無樹，明鏡亦非臺，本來無一物，何處惹塵埃。（六祖壇經行由品）
■ 惠能言下大悟，一切萬法不離自性。遂啟祖言：「何期自性本自清淨，何期自性本不生滅。何期自性本自具足，何期自性本無動搖，何期自性能生萬法。」（六祖壇經行由品）
■ 善知識。凡夫即佛。煩惱即菩提。前念迷即凡夫。後念悟即佛。前念著境即煩惱。後念離境即菩提。（六祖壇經般若品）
■ 佛無過患，眾生顛倒，不覺不知自心是佛。若知自心是佛，不應心外覓佛。佛不度佛，將心覓佛不識佛。……

若欲覓佛，須是見性，見性即是佛。

若不見性，念佛、誦經、持齋、持戒亦無益處。（達摩血脈論）

■ 若要覓佛，直須見性。性即是佛，……

若不見性，終日茫茫，向外馳求，覓佛元來不得。（達摩血脈論）

■ 眾生無我，並緣業所轉，苦樂齊受，皆從緣生。

若得勝報榮譽等事，是我過去宿因所感，今方得之，緣盡還無，何喜之有？

得失從緣，心無增減，喜風不動，冥順於道，是故說言隨緣行。（達摩四行論）

🪷 收攝起散亂的心

禪定是要把散亂的心收攝起來，專注於一處，那甚麼是「散亂的心」？就是身處人世間過去常碰到、現在也遭遇、未來還會重複出現的事，作一個心理與人生態度的總省思、總整理、總思考，理出一個自己的應對模式，例如未來我們會再出現這些情事：

● 面對新聞
● 面對歷史
● 面對自己的謀生技能
● 面對您的投資交易
● 面對好奇的影劇結局
● 面對休閒與娛樂
● 面對金錢投資
● ……

面對以上的每一件事，學佛之前都是兵來將擋，水來土掩，依情況採取應對措施，遇一件事就想一件事，來一次想一次，每天都在忙著「想」這些事，「應對」這些事；而所謂內觀與禪定則是相反，應該學習和佛陀一樣，開始對人間事進行「全面性的思考和觀察」，一個人靜靜地思考，將每一件事理出頭緒、悟出真理，做為未來面對這些情事的依循和準則，這樣往後生命才能豁然覺悟、清楚明白。

例如「面對好奇的影劇結局」，為了虛構的影視劇情結局，看了一齣又一齣的連續劇，排解了無聊，但也磨耗掉生命的很大部分，一無所獲是當然結果，問題在「你的生命能量將來還會持續被磨耗」：

● 你如何看待未來還會有無數篇的影劇這件事？

● 你到底在好奇甚麼？

● 你想從影劇劇情中得到甚麼？

● 你哪一次得到了甚麼？

● 你未來將如何「應對」新的影劇劇情出現？

● 你如何管理及分配生命比重？

這才是真正的內觀，將自己過去、現在、未來都會面對「觀賞影視」這件事，理出一個頭緒，做為未來再面對時的一種依循，莫讓心散亂於自己無法控制的沉迷與被牽引當中，永遠重新思考一次又一次。

又例如「面對自己的謀生技能」，經過幾年的工作之後，你如何跳脫學歷與經歷迷思，重新思考自己個性、優勢基礎、體力、職場能力：

● 你需要再進修甚麼？

● 需要選定哪一個人做學習目標？全力請教他、模仿他；

● 未來工作展望的基礎在哪裡？

● 你成就所有交易成功的「善緣」基礎在哪裡？是否已經在建置中？

● 每天花一個小時時間「精進」工作技能的內容是甚麼？語言？
  程式設計？人際關係？工作時間分析？廣結善緣？
● 和你相同工作性質的最大成功價值是甚麼？值得你未來再花幾
  十年時間去投入嗎？你願意挑戰嗎？
● 你的工作「毅力」與完成每一件工作的「決心」具足了嗎？一
  個毅力、決心具足的人，老闆、長官、同事、客戶都會感受到
  喔！
● 你是在精進工作，還是得過且過「被動」在生活著？

　　一個人如果沒有內觀的能力，生存於人世間，常會因為工作進展停
滯，生活壓力過大，心緒散亂，如果你經常是心緒散亂，你又如何禪定
與安住？參加坐禪，又有何用？內觀與修行才能「從內到外」去調整自
己，「從外到內」的坐禪形式無助於心的安住，你需要的是：對人間事
進行「全面性的思考和觀察」，一個人靜靜地思考，將每一件事理出頭
緒、悟出真理，然後禪定才會幫助你更理解諸法實相。

🪷 不是坐禪姿勢會產生神蹟

　　很多人對佛、對禪定，還是依止在神通與神蹟，希望藉此獲得甚
麼？成就甚麼？其實千百年來誰成就過甚麼神通？
● 坐禪不會因為姿勢可以成就出甚麼？坐著就只是坐著而已；
● 坐禪根本不會產生神通；
● 坐禪也不是證悟唯一的道路；
● 你自己才是道路；
● 收攝起散亂的心，專注於一處，用坐禪讓心安住才是成就

🪷 佛陀也常閉關坐禪

不過我們也不要誤解，以爲禪定修行與「大乘」佛教有關，或是由達摩大師所開創教導「禪宗」有關，早在2500年前，佛陀就已有閉關坐禪的教導，佛陀告訴諸比丘要坐禪二個月，這段期間弟子勿打擾他，在這二個月期間內，只須定時送來食物及衣物即可，暫停一切說法教導與往來，弟子人也都理解而遵守。

- 如是我聞，一時。佛住一奢能伽羅林中，爾時。世尊告諸比丘：「我欲二月坐禪。諸比丘勿復往來。唯除送食比丘及布薩時。」爾時。世尊作是語已，即二月坐禪，無一比丘敢往來者，唯除送食及布薩時。（雜阿含經第807經）
- 如是我聞，一時，佛住舍衛國祇樹給孤獨園，爾時，世尊告諸比丘，有四種禪，有禪三昧善，非正受善，有禪正受善，非三昧善，有禪三昧善，亦正受善，有禪非三昧善，非正受。（雜阿含經第883經）

🪷 禪必須避免於邏輯思維

目前西方世界的禪學思想並非來自中國，反而幾乎是來自日本禪學大師「鈴木大拙」，主要原因是「鈴木大拙」介紹禪學時，能使用西方人慣用的邏輯思辯語法來介紹「禪」，因此西方世界聽得懂，「安定內心、自在生活」即是禪，「鈴木大拙」這樣說，「禪」必須避免於「邏輯思維」，避免於「二分法」的比較思維，擺脫理性的枷鎖才能在生命中找到更高層的意義。

禪定波羅蜜就是要我們「探詢生命內在的奧祕」，在安定心靈一事上，停止對外的努力，人將一生都浪費在「文字」裡而不自知，甚麼

科技、知識，搞了老半天只不過拿著一台手機在按「讚」而已；生命真的沒有甚麼需要尋找了，「你就是一切」，「自性就是一切」，不可能再有一條道路能引導你找到真理，「你就是真理」。培養出這樣的「覺知」，這個「覺知」就會超越你腦袋所認識的一切，讓你重新感受生命所帶給你的一切，那就是禪定的法義核心，禪定不一定是要坐禪，禪定也不是禪宗，禪定是心靈安住的探索與力量。

❀ 般若

般若指的就是智慧，但是這種智慧並不是我們一般人間法的智慧，不是智商，不是科技知識，也不是夫妻相處之道，更不是企業管理智識，既不是軟體程式，也非AI人工智慧或機器人，它是講覺知「生命實相」的那種智慧，超越人類思維體系的一切才叫「般若智慧」；也就是說，它是在親證生命實相所生起的生命智慧叫般若。

- 善知識，何名般若，般若者，唐言智慧也。一切處所，一切時中，念念不愚，常行智慧，即是般若行。……般若無形相，智慧心即是，若作如是解，即名般若智。（六祖壇經般若品）
- 何名波羅蜜，此是西國語，唐言到彼岸。解義離生滅，著境生滅起。如水有波浪，即名為此岸。離境無生滅，如水常通流，即名為彼岸。故號波羅蜜。（六祖壇經般若品）

「般若波羅蜜」簡單說就是「到達彼岸的智慧」，也可以說是覺知「苦空無我、緣起性空」的智慧，是破除無明，遠離煩惱、邪見而得自在的智慧，如果說布施對治「貪」，忍辱對治「瞋」，那麼般若就是對治「癡」了。

「般若波羅蜜」是六波羅蜜中最核心的內在，其他五種波羅蜜都

菩提明心花開見佛

涵攝在其中，換句話說，布施、持戒、忍辱、精進和禪定，如果不是以「般若波羅蜜」為中心，那只能算是一個慈悲懂得珍惜生命、能夠規律積極生活的人，但是還沒有以「達到心無罣礙」境界為目標，這一定不是「究竟圓滿」的波羅蜜，只有以「般若波羅蜜」為中心，再統攝其他五種波羅蜜修行，那才是究竟完美之「道」。

我們常說這個人很聰明，是指這個人反應敏銳、非常機靈，在學習及理解上相當有效率，往往能很快找出問題的答案，但很聰明的人反而常是最沒有般若智慧的人，因為他的五蘊思維中裝滿了二元對立的「比較」想法，如何會更卓越、更有效率、更有系統、創造更大價值、更快速……，但當我們對生命價值與存在一無所知時，就不知不覺被「創造更大價值」和「效率」所奴役著，這樣「著境」或許很聰明，但未必能覺知生命更深層的智慧。

■ 善知識，凡夫即佛，煩惱即菩提。前念迷即凡夫，後念悟即佛，前念著境即煩惱，後念離境即菩提。
知一切法不可得故，具足般若波羅蜜。（摩訶般若波羅密經）

因此覺知一切事物皆是由因緣和合而生，如夢如幻，體會到萬物不生不滅的空性，進而感受到只有「安住於自性」才是唯一的定，如此明心見性，無我無相智慧現前，便是般若波羅蜜，也是與布施、持戒、忍辱、精進、禪定最終結合成「六度波羅蜜」的真正行動力、真正發心菩薩道的核心準則。

■ 悟此法者，即是無念，無憶無著，不起誑妄，用自真如性，以智慧觀照於一切法。不取不捨，即是見性成佛道。（六祖壇經般若品）

■ 譬如一燈，入於暗室，百千年暗，悉能破盡。（大方廣佛華嚴
  經）

一般人聽到佛經，總以為都是些高不可攀的深奧道理，其實不然，
能有般若智慧的人，反而更能有客觀而隨順因緣的世俗善巧，除內心的
寂滅清淨外，對一切有情世間的需求，學習般若波羅蜜多，反而更容易
得到，佛陀早知道有情眾生都在想甚麼，盼望甚麼，但了解生命實相的
人，反而更有智慧看穿人間事理的真正旨要，找出能取得生命資源的適
當方法。

■ 若菩薩摩訶薩欲滿一切有情所求飲食、衣服、床榻、臥具、病
  緣醫藥，種種花香、燈明、車乘、園林、舍宅、財穀、珍奇、
  寶飾、伎樂，及餘種種上妙樂具，應學般若波羅蜜多。（玄奘
  譯大般若波羅蜜多經第3卷）

菩提明心花開見佛

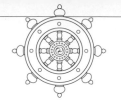

第二十四章
戒定慧

　　前面兩章提到苦滅道跡的信念-八正道,行動準則-六度波羅蜜,接下來完整計畫的施行就是「戒定慧」,一個學佛的人很容易會有身心狀態的「表徵」,這特殊「表徵」就是「戒定慧」。

　　因此戒定慧有如「健身房」,可以讓你鍛鍊身體,打造你想要的健康身體狀態,戒定慧也有如「健身教練」,也可以讓你諮詢發問、示範動作,並且帶你實作,而戒定慧更也是「健身器材」、「健身場所」,可以讓你選擇你需要的器材,並提供場所讓你鍛鍊操作。也就是說,「戒定慧」是知行合一的內容,也是修行的方向,更是修行者的檢驗標準,當然它也是指南針、行動綱領。

　　那麼「戒定慧」的簡單定義是甚麼呢?

■ 帝曰:「雲何名戒?」對曰:「防非止惡謂之戒。」
　帝曰:「雲何為定?」對曰:「六根涉境,心不隨緣名定。」
　帝曰:「雲何為慧?」對曰:「心境俱空,照覽無惑名慧。」
　（五燈會元）

　　一般也常把「戒定慧」與八正道內含相連結,「戒」包含正語、正業、正命和正精進這四項,而把「定」包括正念和正定這二項,「慧」則是正見和正思惟,基本上,具體內容與要旨是相符合。

🪷 戒

甚麼是戒？防非止惡就是戒，「非」就是不要去做一些不如法或違法之言行，例如欺騙、強盜、搶奪、違法淫欲之事，防止自己不要去犯這些過失，稱為「防非」，已有惡念意圖則必須停止；讓內心不再升起惡念是「止惡」，這就是「防非止惡」的簡單意思。對修行而言，「戒」其實像預防針，教誨於前，防弊於後。

■ 諸惡莫作，眾善奉行，自淨其意，是諸佛教。（七佛通戒偈）

諸惡莫作就是止惡，眾善奉行則是修善，自淨其意是斷惑，行此三者，即稱修道。

■ 時，彼天子說偈問佛：
「何物重於地？何物高於空？
何物疾於風？何物多於草？」
爾時，世尊說偈答言：
「戒德重於地，慢高於虛空，
憶念疾於風，思想多於草。」（雜阿含經第49卷）

菩提明心花開見佛

一個能持戒守德之人，不但能言行舉止穩重如泰山，隨心所欲不逾矩，而且心念清淨如水，不會攀緣色境，更不會終日胡思亂想。

所謂根本煩惱是指「貪、瞋、癡」三毒，此三毒以「意」為主，發諸於身體的，是為殺生、偷盜、邪淫……等等，發諸於口的則是如妄語、綺語、兩舌、惡口等等。所以基本「戒」的內容不外貪、瞋、癡、殺、盜、邪、淫、妄語、綺語、兩舌、惡口……等，能防非止惡這些內容，便是「戒德重於地」。

❀ 定

　　六根涉境，心不隨緣就是定。一個人修「定」即是致力於內心清淨、內心安定；所謂「云何降伏其心」講的也是「定」。我們的六根：眼、耳、鼻、舌、身、意，會接觸並感受到色、聲、香、味、觸、法，就是「涉境」，定就是心不隨外面的「境」產生繫著、攀緣，心能隨順自然、自由自在，那就是「定」的表現。

　　我們必須知道，生命是靠飲食睡眠來維繫、來新陳代謝的，為維繫生存我們不可能不「涉境」，今天要吃甚麼？以後要住哪裡？你必須做出決定，也就是說每個人都必須努力謀生，以維繫個人與家庭的身命，謀生技能不足，就必須下定決心去提升與加強，而不是吃齋念佛，求佛祖保佑，求菩薩賜與；人間事，人間了，沒甚麼需要考慮和胡思亂想的，就是只能精進去做事、去學習、去廣結善緣、去打破既有格局、去提升自己，才能解決人間事。

❀ 生命未必會走在你所期待的方向

　　而心不隨緣的意思，則是覺知「諸行無常」，是深解「諸法空相」，身處六塵之中，知道「努力」是必須的，但「結果」仍須視「因緣」而定，所謂「謀事在人，成事在緣」，生命未必會走在你所期待的方向，而一切事物也不是我們能掌握，不是想努力就一定會成功，想投資就一定會賺錢，只有在自己精進「努力」之後，心能不隨外境的「結果」產生妄想與執著，能一切隨緣，這才是「定」的意思。不是說不染著、不貪愛、不執取才是好，而是染著、貪愛或執取也沒用，如是性體力作，如是業力果報，諸行無常，一切皆不是你我所能掌握或控制的，這是「定」應有的先導思維。

　　「定」，又名「禪定」，在六度波羅蜜中已有提及，我們身心所感

受的苦果，無非是由妄心所引起，「禪定」即是對治內心的妄念，要依戒而生定，由定而生慧。

禪定與理智表現的邏輯與語言，經常是背道而馳；

禪，保持無言的狀態；

禪，貶抑語言、形式與世俗理智；

禪，認為形式與理論都無法觸及生命及事物的核心；

真理，並無法訴諸理智的作用或系統的學說來闡述，這就是禪的真義。

■ 一切眾生，皆俱如來智慧德相，但因妄想執著，不能證得。（大方廣佛華嚴經）

■ 定香：即親諸善惡境相，自心不亂，名定香。（六祖壇經懺悔品第六）

但是「禪定」在一般人認識中，常流於與「坐禪」畫上等號，須知「禪定」的重點在「定」不在「坐」，必須做到六根涉境，心不隨緣，心不自亂才是禪定，光只是在坐禪「姿勢」、「禪房」上下功夫，徒勞無益。

■ 善知識！又有人教坐，看心觀靜，不動不起，從此置功，迷人不會，便執成顛。如此者眾，如是相教，故知大錯。」（六祖壇經定慧品第四）

🪷 慧

「慧」是突顯是對於生命以及宇宙實相的如實了知，一種特殊的覺知能力，能分辨緣起性空、諸法如義，從而對治貪瞋癡背後的愚痴無明

叫做「慧」，亦即在六度波羅蜜中的般若。「慧」不是世俗的智商、聰明、辯才，而是由「定力」所證得的智慧才叫「慧」，也就是我們常說「般若」的意思。真如佛性，人人本自具足，但為無明、妄念所遮蔽，必須找回自性的定力，掃除妄念，回歸真心，那就是「慧」。楞嚴經說三界本無一法，不過真心起妄而已，正是講慧。

■ 慧香：自心無礙，常以智慧，觀照自性，不造諸惡，雖修眾善，心不執著，敬上念下，矜恤孤貧，名慧香。（六祖壇經懺悔品第六）

■ 善觀諸法，慧根增長。（大方廣佛華嚴經）

■ 善知識，我此法門，從一般若，生八萬四千智慧。何以故？為世人有八萬四千塵勞。若無塵勞，智慧常現，不離自性。悟此法者，即是無念、無憶、無著。不起誑妄，用自真如性，以智慧觀照；於一切法，不取不捨。即是見性成佛道。（六祖壇經般若品第二）

「慧」與「定」則是一體兩用，好像燈光是「一體」一樣，沒有燈哪來光？沒有「定」哪來「慧」？沒有「慧」要「定」在何處？

■ 善知識！定慧猶如何等？猶如燈光。有燈即光，無燈即暗；燈是光之體，光是燈之用。名雖有二，體本同一。此定慧法，亦復如是。（六祖壇經定慧品第四）

■ 師示眾云：「善知識！我此法門，以定慧為本，大眾勿迷，言定慧別。定慧一體，不是二。定是慧體，慧是定用，即慧之時定在慧，即定之時慧在定。若識此義，即是定慧等學。諸學道人，莫言『先定發慧，先慧發定』各別，作此見者，法有二相。口說善語，心中不善，空有定慧，定慧不等；若心口俱

善，內外一如，定慧即等。自悟修行，不在於諍。」（六祖壇經定慧品）

而「苦滅道跡」欲得無餘涅槃者，當然必須戒身、定身、慧身三項具足，否則一定白忙一場，徒留困惑。

■ 爾時，世尊告諸比丘：「……學法不滿，欲令戒身、定身、慧身、解脫身、解脫知見身具足者，無有是處！解脫知見不滿足，欲令得無餘涅槃者，無有是處！（雜阿含經第47卷）

■ 知一切法即心自性，成就慧身，不由他悟。（大方廣佛華嚴經）

佛經常說：「勤修戒定慧，息滅貪瞋痴」，又說「由戒生定，由定發慧」，都是指修習「戒、定、慧」的終極目標，是以顯發「般若智慧」爲目的，俗稱「三無漏法」。在佛經談「修行」內容中，修習「戒、定、慧」經常被提及，而且佛陀不厭其煩地不斷宣說其重要性。

■ 如是我聞，一時，佛住舍衛國祇樹給孤獨園。爾時，世尊告諸比丘，有三有漏。何等爲三？謂欲有漏、有有漏、無明有漏。爲斷此三有漏故，當求大師。佛說此經已，諸比丘聞佛所說。歡喜奉行，如求大師。如是，乃至求正思惟亦如是說（雜阿含經第896經）

■ 如是，比丘！修身、修戒、修心、修慧，以彼修身、修戒、修心、修慧故，於如來所說修多羅甚深明照，難見難覺，不可思量，微密決定，明智所知，彼則頓受、周備受，聞其所說，歡喜崇習，出離饒益。（雜阿含經第47卷）

菩提明心花開見佛

一般人學佛多止於聽經聞法，對戒定慧「不歡喜崇習」，但對視世俗人間法所謂趨勢、發現致富捷徑、大師精闢見解、科技企業思維、如何成功理財、股票五大戰技、必勝心法、我的第一桶金……趨之若鶩，正如佛陀所言：「眾雜異論、文辭綺飾、世俗雜句，專心頂受」，心無戒定慧時，怎可能看出「眾雜異論」錯誤在何處？到頭來，書也看了，電視專家學者分析也聽了，就因此而成功致富了嗎？投資百戰百勝了嗎？談何容易！

■ 當來比丘不修身、不修戒、不修心、不修慧，聞如來所說修多羅甚深明照空相應隨順緣起法，彼不頓受持，不至到受。聞彼說者，不歡喜崇習，而於世間眾雜異論、文辭綺飾、世俗雜句，專心頂受，聞彼說者，歡喜崇習，不得出離饒益。於彼如來所說甚深明照空相要法隨順緣起者，於此則滅，猶如彼鼓，朽故壞裂，唯有聚木。是故，諸比丘！當勤方便修身、修戒、修心、修慧，於如來所說甚深明照空相要法隨順緣起，頓受、遍受。聞彼說者，歡喜崇習，出離饒益。（雜阿含經第47卷）

■ 奇哉奇哉，大地眾生皆有智慧德相，但以妄想分別執著，而不能證得。（大方廣佛華嚴經）

■ 如是我聞：一時，佛住舍衛國祇樹給孤獨園。時，有栴檀天子，容色絕妙，於後夜時來詣佛所，稽首佛足，退坐一面。其身光明遍照祇樹給孤獨園。時，彼天子說偈問佛：
「誰度於諸流，晝夜勤不懈，
　不攀無住處，云何不沒溺？」
　爾時，世尊說偈答言：
「一切戒具足，智慧善正受，
　內思惟正念，能度難度流，
　不染此欲想，超度彼色愛，

貪喜悉已盡，不入於難測。」

　　時，彼栴檀天子聞佛所說，歡喜隨喜，稽首佛足，即沒不現。

　　（雜阿含經第49卷）

　　當如六祖惠能大師所說：「當用大智慧，打破五蘊煩惱塵勞。如此修行，定成佛道，變三毒爲戒定慧。」此才是眞正的苦集滅「道」。

■ 善知識，「摩訶般若波羅蜜」，最尊最上最第一，無住無往亦無來，三世諸佛從中出。當用大智慧，打破五蘊煩惱塵勞。如此修行，定成佛道，變三毒爲戒定慧。（六祖壇經般若品第二）

■ 菩薩摩訶薩觀一切法空如實相，不顚倒，不動，不退，不轉，如虛空無所有性。一切語言道斷，不生，不出，不起，無名無相，實無所有，無量無邊，無礙無障。但以因緣有，從顚倒生故說。（妙法蓮華經）

第二十五章
出離

【第四篇 道】

　　很多人認為佛學的三個簡單軸心是：出離心、菩提心、空正見，這是從全面性的概念來簡化，其中這「出離心」即是重大的行動方略，也是「苦滅道跡」的重要內容之一，漢傳語系的佛教經常明顯出現「佛理深究」和「西方淨土」的兩大修行方向，但這二樣在西方人的認識中，甚難具體化和實證，因此西方世界普遍的佛學概念均以「禪」及「出離」為重點。

　　「出離」就是解脫束縛，不再執著於過去認知的事物與概念，「無所住而生其心」的意思，而「出離」的源起背景當然是「五蘊」：色受想行識的如實知，知道我們因為「受」而學習了分別、比較、價值……，然而這些建立在「二元思維」的分別、比較、價值……的「想與識」，但這卻是我們痛苦與煩惱的重要來源之一，如果簡單說涅槃就是煩惱滅盡，那「出離」就是遠離染著、掙脫繫縛、跳出我見，弟子們問佛陀，比丘修行有的能達到「法般涅槃」，有的卻不行，為什麼？就是「出離」的修行程度有所不同導致，可見「出離」的重要性。

■ 如是我聞：一時，佛住毘舍離獼猴池側重閣講堂。時，有長者名郁瞿婁，往詣佛所，稽首佛足，退坐一面，白佛言：「世尊！何故有一比丘見法般涅槃？何故比丘不得見法般涅槃？」
佛告長者：「若有比丘眼識於色，愛念染著，以愛念染著故，常依於識；為彼縛故，若彼取故，不得見法般涅槃。耳、鼻、

舌、身、意識法亦複如是。」

「若比丘眼識於色，不愛樂染著，不愛樂染著者，不依于識，不觸、不著、不取故，此諸比丘得見法般涅槃。耳、鼻、舌、身、意識法亦複如是。」

「是故，長者！有比丘得見法般涅槃者，有不得見法般涅槃者。」（雜阿含經第237經）

■ 離一切相，即一切法。（大佛頂首楞嚴經）

■ 離一切諸相，即名諸佛。（金剛經第14分）

滅盡捨離，心不顧念

有時候我們聽到一個觀點，就會覺得很不舒服，那麼我們其實是被「相反的觀點」所奴役、所執著、所綑綁，政治、宗教、價值、意義、情感、金錢觀……都會有這種現象，「出離」就是要我們重新來檢視這些政治、宗教、價值、意義、情感、金錢觀……背後的真正意義，為何讓我們無法「理性思考」，只能做出制式反應？明明我們有頭腦，為何想都不用想，每次答案都一樣？因為我們頭腦被綁住了，難怪佛說「純大苦聚。」

■ 如是，諸比丘！於所取法觀察無常、生滅、離欲、滅盡、捨離，心不顧念、縛著，愛則滅，愛滅則取滅……，如是廣說，乃至純大苦聚滅。（雜阿含第286經）

一個人若始終堅持自己現有的任何原則，他就會失去心靈的自由，當然我們不是指道德行為的「堅持」，而是指心理盲目地遵循某些價值觀的成見，永遠認為自己的想法才是對的，對不同意見則必以否定，這時，思想的自由早已不復存在，如果某件事情出現了與期待相反的結

菩提明心花開見佛

果，那你就會很生氣，這種執著就是痛苦之源。

執著，讓你築起「心牆」，自己憑空打造「心城」，我們擔心我們的「心城」被攻陷，我們走不出迷宮，有多少執著，就有多少痛苦，為什麼佛不會被激怒、從不會陷入困惑和矛盾？因為佛出離了所有執著。

■ 佛告舍利弗：「若有眾生於自識身及外境界一切相，無我、我所、我慢繫著使，乃至心解脫、慧解脫，現法自知作證具足住者；於此識身及外境界一切相，無有我、我所、我慢使繫著，故我心解脫、慧解脫，現法自知作證具足住。」（雜阿含經第982經）

■ 如是我聞：一時，佛住舍衛國祇樹給孤獨園，爾時，世尊告諸比丘：「當觀色無常，如是觀者，則為正觀。正觀者，則生厭離，厭離者，喜貪盡。喜貪盡者，說心解脫。如是觀受、想、行、識無常，如是觀者，則為正觀。正觀者，則生厭離，厭離者，喜貪盡，喜貪盡者，說心解脫，如是，比丘，心解脫者，若欲自證，則能自證，我生已盡，梵行已立，所作已作。」（雜阿含經第1卷）

🪷 不顧過去色，不欣未來色

那「出離」是要出離那些？當然是出離色、受、想、行、識，出離這些過去的、現在的、未來的色、受、想、行、識，對一切有為法的棄絕，不為塵垢所染，瞭解了世間生命的不圓滿，一切分別、比較、價值……「想與識」的不能究竟。

■ 如是我聞：一時，佛住舍衛國祇樹給孤獨園。爾時，世尊告諸比丘：「過去、未來色尚無常，況復現在色。多聞聖弟子如是

觀察已，不顧過去色，不欣未來色，於現在色厭、離欲、滅寂靜；受、想、行、識亦復如是。」（雜阿含經第79經）

🪷 不是出離內在，而是出離外在

我們的生命都源自我們的自性，地水火風，因緣聚合因而有我們的肉身、能量與心識，然而這些肉身、能量與心識都是「緣起性空」，都會一直改變，都不是我們能掌握的，都不是絕對，無法永遠存在，更不可能完美。但是我們本自具有的「自性」本身，卻是完美究竟，是不生不滅、不垢不淨、不增不減，而我們卻捨棄不顧，向外求他，四處尋法。「出離」不是出離內在，反而是出離外在，出離那些裝進心裡的我執，出離那些撿進在背上竹籠的石頭，迷途知返，找到回家的路，回到我們自己的內心，將一切色、受、想、行、識「安住」在我們的自性：

● 專注於你的內心
● 專注於你的自性
● 重新向自己皈依
● 勿依賴他人
● 不必向外求價值
● 混亂、無常、變動，依然會如影隨形
● 但我們只需將自己安住在真如自性中

■ 善男子：知幻即離，不作方便；離幻即覺，亦無漸次。一切菩薩及末世眾生，依此修行，如是乃能永離諸幻。（圓覺修多羅了義經）

🪷 向自己皈依

　　一切法，無所有，畢竟空，不可得，唯有「自性」一直都在，出離那些二元對立的價值觀，使人超越事物的表象而得見其本質的智慧，「出離」是洞察生命與世界的根本意義，讓自己生命找到回家的路，一個人若能了悟自性與本心，生命價值實已足夠，而「出離」的目的就是要喚醒內心般若，只有具備出離心，將自己「安住」在自性中，就能跳出三界框架，心，才能在生死之中自由自在，才能不被塵境所動搖。

　　回家的路一直都在，從不曾離開我們，是你走反了方向。

【第四篇　道】

第二十六章
無上正等正覺

無上正等正覺，音譯為阿耨多羅三藐三菩提（anuttara-samyak-sambodhi），是佛教修行達到最高境界，「至高無上的平等覺悟」，也就是等同於「成佛」的意思。《心經》上說，一般發願菩薩道的眾生，依「般若波羅蜜多」修行，即可到達「究竟涅槃」的境界，如果更進一步修行，也可以到達「成佛」的境界，三世諸佛也都是因為「般若波羅蜜多」的修行而成就至高無上的覺悟。

■ 菩提薩埵。依般若波羅蜜多故，心無罣礙；無罣礙故，無有恐怖，遠離顛倒夢想，究竟涅槃。三世諸佛，依般若波羅蜜多故，得阿耨多羅三藐三菩提。（心經）

但是對於「成佛」二個字，大家多有些許疑慮，畢竟佛學中的修行階段，例如：聲聞、緣覺、須陀洹、斯陀含、阿那含、阿羅漢、初果羅漢、二果羅漢、三果羅漢、四果羅漢、菩薩……，均屬於心識的覺知，並非有很明確的「數字定義」或「狀態定義」，更何況「無上正等正覺」。尤其所謂「成佛」的定義與成就，各宗派與經本描繪也不盡相同，非常難找到大家具明確共識的定義。

漢傳佛教普遍認為：眾生在發願修菩薩道後要經過三大阿僧祇劫的修行，才能在最後一世以男身成佛，可見成佛是非常遙不可及的目標，但其餘各類經典則無三大阿僧祇劫的成佛明確階段。

尤其在法華經文中，佛陀爲「摩訶迦葉」授記，將於未來世成佛，這是等於「成佛」是可以預知、可以成就的；甚至經文中之小龍女，非但是女身，而且是龍而非屬人身，也是能「當下成佛」：

■ 爾時世尊，說是偈已，告諸大衆，唱如是言：「我此弟子摩訶迦葉，於未來世，當得奉覲三百萬億諸佛世尊，供養恭敬，尊重讚歎，廣宣諸佛，無量大法。……於最後身得成爲佛，名曰光明如來、應供、正遍知、明行足、善逝世間解、無上士、調御丈夫、天人師、佛、世尊。」（法華經授記品）

■ 爾時龍女有一寶珠，價值三千大千世界，持以上佛，佛卽受之。龍女謂智積菩薩尊者舍利弗言：「我獻寶珠，世尊納受，是事疾不？」答言：「甚疾」。女言：「以汝神力觀我成佛。復速於此。」當時衆會皆見龍女，忽然之間變成男子，具菩薩行，卽往南方無垢世界，坐寶蓮華，成等正覺、三十二相、八十種好，普爲十方一切衆生演說妙法。（法華經提婆達多品）

　　因此，對於無上正等正覺與成佛，甚難具體明確闡述，禪宗則主張明心見性，就可以頓悟成佛，也就是禪宗修行認爲：眞如佛性超越了時空和任何理性概念，且人人具備，並無需向外求。因此主張放下任何執著妄想，拋下二元對立思維，便能直達內心的佛性，見性卽能成佛。

■ 佛無過患，衆生顚倒，不覺不知自心是佛。若知自心是佛，不應心外覓佛。佛不度佛，將心覓佛不識佛。……
若欲覓佛，須是見性，見性卽是佛。
若不見性，念佛、誦經、持齋、持戒亦無益處。（達摩血脈論）

在南傳佛教通常偏重聲聞乘解脫道，沒有特別關於「即身成佛」的理論，而一般人觀念中，最普通的成佛定義則是指「一個已經覺悟的人」即可稱為「覺者」，即是佛（Buddha），一個人能回歸自性，徹底明瞭通達諸法實相，即是佛。

■ 一切賢聖皆以無為法而有差別。（金剛經）

不過在《心經》及《金剛經》或其他經典，都有明白指出「無上正等正覺」是具有「無所得」、「無有少法可得」與「無有定法可說」的特性，畢竟真如本性，並非實質而可用語言或文字來具體描述。

■ 是故空中無色，無受想行識……，無智亦無得。（心經）
■ 「須菩提！於意雲何？如來得阿耨多羅三藐三菩提耶？如來有所說法耶？」
　須菩提言：「如我解佛所說義，無有定法名阿耨多羅三藐三菩提，亦無有定法，如來可說。」（金剛經第7分）
■ 須菩提白佛言：「世尊！佛得阿耨多羅三藐三菩提，為無所得耶？」
　佛言：「如是，如是。須菩提！我於阿耨多羅三藐三菩提乃至無有少法可得，是名阿耨多羅三藐三菩提。」（金剛經第22分）

🪷 無法可說、無法可得

無所得，意味著「沒有要達成甚麼」，所謂真如本性，本來就存在，不是要得到甚麼智慧，真實的生命實相本來就存在，有情眾生本皆具足，不是甚麼新的智慧要發明或發現，它只是被受想行識給掩蓋了而

菩提明心花間見佛

已，因此，需要去找出來，去重現它，回復它本來面貌而已。

　　由此來看，成佛或是無上正等正覺，都是指覺知宇宙人生的眞相，擁有究竟圓滿的智慧，能洞觀無我相、人相、衆生相、壽者相的人，佛法是絕對能體驗、實踐的知行合一之法，是絕對具有「可行動性」（actionable）之法，佛的道路，旣非原則，也非哲學，只是純粹的覺知，是無我、性空的覺知但卻是至高無上的眞理。因此「以無我、無人、無衆生、無壽者，修一切善法，則得阿耨多羅三藐三菩提」就是其基本思維基礎。

■ 須菩提！是法平等，無有高下，是名阿耨多羅三藐三菩提；以無我、無人、無衆生、無壽者，修一切善法，卽得阿耨多羅三藐三菩提。（金剛經第23分）

■ 悟此法者，是般若法；修此行者，是般若行；不修卽凡。一念修行，自身等佛。善知識，凡夫卽佛，煩惱卽菩提。前念迷，卽凡夫；後念悟，卽佛。前念著境，卽煩惱；後念離境，卽菩提。（六祖壇經般若品第二）

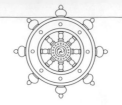

第二十七章
他方佛國世界與其他修行法門

有人戲說：「學佛一年，佛在眼前；學佛兩年，佛在大殿；學佛三年，佛在西天。」為何會有此戲言呢？主要是「學佛方向」不同所致，在佛教的宗派分別裡，其實南傳、北傳根本大意差別不大，所謂大乘經典的「義理」基礎，在《阿含經》都可以找的到，只是用「故事性」來做鋪陳筆法而已，原意相近；真正讓南傳、北傳有所差別的，還是對「他方佛國世界」與「諸菩薩」的認知有所不同。

🪷 十方世界諸佛

在原始佛教的經典「阿含經」系列中，佛陀雖曾提到包含他自己在內的過去七佛，現在世有釋迦牟尼佛，過去世有迦葉佛、拘那含牟尼佛、拘樓孫佛、毘舍婆佛、尸棄佛、毘婆尸佛，未來世則會有彌勒佛，但並未提及他方世界還有其他諸佛存在。相對於原始佛教這種「一佛」的概念，在佛入滅500多年左右，大乘佛教提出了「多佛」的思想，所謂「豎窮三際，橫遍十方」，除了我們所居住的娑婆世界之外，更有無量無邊的「他方佛國世界」存在，而且有「三千大千世界」的說法，這其中包含了十方三世恆河沙數不可計數的諸佛存在，各都發心以本願在救度眾生。

在《阿彌陀經》中釋迦牟尼佛提到，不僅他自己讚歎「阿彌陀佛」，十方世界中亦有諸佛同時發聲讚歎阿彌陀佛的不可思議功德，例如：

- 東方世界：有阿鞞佛、須彌相佛、大須彌佛、須彌光佛、妙音佛
- 南方世界：有日月燈佛、名聞光佛、大焰肩佛、須彌燈佛、無量精進佛
- 西方世界：有無量壽佛、無量相佛、無量幢佛、大光佛、大明佛、寶相佛、淨光佛
- 北方世界：有焰肩佛、最勝音佛、難沮佛、日生佛、網明佛
- 下方世界：有師子佛、名聞佛、名光佛、達摩佛、法幢佛、持法佛」
- 上方世界：有梵音佛、宿王佛、香上佛、香光佛、大焰肩佛、雜色寶華嚴身佛、娑羅樹王佛、寶華德佛、見一切義佛、如須彌山佛

這些恆河沙數諸佛，都在其國出廣長舌相，音聲遍覆三千大千世界，讚歎阿彌陀佛以及極樂世界的殊勝功德。

又例如密宗「五方佛」的教義，又稱五方如來、五智如來，源自「密宗金剛界」思想，教義中東南西北中五方，各有一佛在主持：

- 中央：毗盧遮那佛，俗稱「大日如來」
- 東方：阿閦佛，即「不動佛」
- 西方：阿彌陀佛
- 南方：寶生佛
- 北方：不空成就佛

這些他方世界諸佛的出現，並沒甚麼不當或不妥之處，但衍生出的

「佛國」信仰就變成了明顯的佛教「分水嶺」，畢竟我們說A是第一義諦時，B就會變成第二義諦，宗派歧見就這樣逐步被建構出來。我們知道「信仰」的前提就是「信」，當「信」變成一個可供量化的比例存在於心中時，99%的相信與50%的相信都已經隱含有「不相信」的成分，「學佛」方向與修行法門當然變成南轅北側，這想必是佛陀當初沒有留下經典著作時所始料未及之處。

現有較常受信奉的他方佛國世界有這幾種：

❀ 阿彌陀佛——西方極樂世界的教主

阿彌陀佛（Amitābha），意爲無量光佛，另名無量壽佛，又稱爲無量清淨佛、甘露王如來，在華人地區簡稱彌陀佛；在大乘佛教信仰中，他是西方極樂世界的教主。大乘佛教禪宗、天台宗、賢首宗等各宗派普遍接受阿彌陀佛，而阿彌陀佛成佛時，依因地修行所發四十八大願所感之莊嚴、清淨佛國淨土即是「西方極樂世界」。而「淨土宗」則以專心信仰阿彌陀佛，發願往生西方極樂世界，「念佛成佛」是其最主要的宗旨與修行要義。

在大乘佛教初期發展時，阿彌陀佛與東方妙喜世界的「阿閦佛」具有同樣地位，而密宗以其佛爲「五方佛」之一，爲蓮花部主，主妙觀察智。但到了唐朝「善導大師」楷定「淨土宗」之念佛法門「以阿彌陀佛爲主」，阿彌陀佛逐成爲漢傳佛教中的主流信仰之一。

■ 爾時佛告長老舍利弗，從是西方過十萬億佛土，有世界，名曰極樂，其土有佛，號阿彌陀，今現在說法。
舍利弗，彼土何故名爲極樂，其國眾生，無有眾苦，但受諸樂，故名極樂。又舍利弗，極樂國土，七重欄楯，七重羅網，七重行樹，皆是四寶周帀圍繞，是故彼國名爲「極樂」。

又舍利弗，極樂國土，有七寶池、八功德水充滿其中。池底純以金沙布地，四邊階道，金、銀、琉璃、玻瓈合成。上有樓閣，亦以金、銀、琉璃、玻瓈、硨磲、赤珠、瑪瑙而嚴飾之。池中蓮華，大如車輪，青色青光，黃色黃光，赤色赤光，白色白光，微妙香潔。

舍利弗，極樂國土，成就如是功德莊嚴。又舍利弗，彼佛國土，常作天樂，黃金爲地，晝夜六時，雨天曼陀羅華。其土眾生，常以清旦，各以衣裓，盛眾妙華，供養他方十萬億佛。即以食時，還到本國，飯食經行。舍利弗，極樂國土。成就如是功德莊嚴。（佛說阿彌陀經）

■ 舍利弗，不可以少善根福德因緣，得生彼國。舍利弗，若有善男子、善女人，聞說阿彌陀佛，執持名號。若一日、若二日、若三日、若四日、若五日、若六日、若七日，一心不亂。其人臨命終時，阿彌陀佛與諸聖眾，現在其前。是人終時，心不顛倒，即得往生阿彌陀佛極樂國土。舍利弗，我見是利，故說此言。若有眾生聞是說者，應當發願，生彼國土。（佛說阿彌陀經）

目前在中國、韓國、越南，淨土宗教義幾乎是普遍存在於各大宗派，即使是信徒平常見面與問訊，也都口稱「阿彌陀佛」，但這點在南傳佛教看來則非常陌生，因爲最原始的阿含經典中找不到「阿彌陀佛」。

相對於西方極樂世界，他方佛國還另有一「東方淨琉璃世界」：

🪷 藥師琉璃光如來——東方淨琉璃世界

藥師佛出現於《藥師琉璃光如來本願功德經》所記載，亦稱爲消災

延壽藥師佛、大醫藥王佛。根據經中所載,藥師佛全身透徹、身藍色如琉璃,清淨無染出柔光,故以「琉璃光」爲其功德名號;其成就和管轄的淨琉璃世界也是處處琉璃淨光。藥師佛於過去久遠劫修梵行,在電光如來住世時,曾發十二大願,願爲衆生解除疾苦,使諸根具足,身相端正,資具豐饒,離諸橫難等,並導入解脫,最後因以願滿而成佛,常住淨琉璃世界,其國土莊嚴與西方極樂世界無有差別。

■ 佛告曼殊室利,東方去此過十殑伽沙等佛土,有世界名淨琉璃,佛號藥師琉璃光如來。應等覺、明行圓滿、善逝、世間解、無上士、調御丈夫、天人師、佛、薄伽梵。曼殊室利,彼佛世尊藥師琉璃光如來,本行菩薩道時,發十二大願,令諸有情,所求皆得。……然彼佛土,一向清淨,無有女人,亦無惡趣,及苦音聲,琉璃爲地,金繩界道,城闕宮閣。（藥師琉璃光如來本願功德經）

■ 若聞世尊藥師琉璃光如來名號,至心受持,不生疑惑,墮惡趣者,無有是處。（藥師琉璃光如來本願功德經）

在淨琉璃世界,有兩大脅侍,稱爲日光遍照菩薩和月光遍照菩薩,待藥師佛佛滅後,二菩薩即次補佛位,因此佛教也經常尊稱藥師佛、日光遍照菩薩和月光遍照菩薩爲東方三聖。

除此之外,前面所提,娑婆世界的另一個東方佛國名叫「妙喜世界」,佛號「阿閦佛」,也就是「不動如來」,其佛身色亦爲藍色,但非透明。日本部分佛教派別的傳承中,也有將藥師如來視爲阿閦如來化身,但在唐朝「善導大師」楷定「淨土宗」以「阿彌陀佛」爲主後,「妙喜世界」即較無人深究與憧憬,如果他方佛國可以隨意選擇,我倒願意選擇到此一遊,至少人比較少,可以幽靜一些。

在漢傳佛教中,將娑婆世界本師釋迦牟尼佛,加上東方淨琉璃世界

菩提明心花開見佛

藥師佛，與西方極樂世界阿彌陀佛，合稱「三寶佛」。修持藥師佛法門也可往生淨土世界，因此藥師佛信仰和阿閦佛、阿彌陀佛乃至彌勒菩薩一般都算是「淨土法門」。

在苦集滅道的「修行」中，除了「淨土法門」外，還有「大菩薩」的修行法門，菩薩是菩提薩埵（bodhisatta）的簡稱，意思是「覺悟的有情眾生」；「菩提」是覺悟的意思，而「薩埵」是一般的有情眾生，如果有情眾生發心走向佛道就是「覺悟的有情眾生」，就叫做「菩薩」，也就是上求菩提，下化眾生的意思。

但是對於已斷煩惱，出離於生死輪迴，得大自在而在救度眾生的菩薩，我們一般稱為「大菩薩」，梵文是「菩提薩埵摩訶薩埵」（bodhisattva mahāsattva），簡稱「菩薩摩訶薩」或「大菩薩」。而在大乘佛教所稱的佛國世界，則都有兩位「等覺菩薩」做為佛的脅侍：

● 極樂世界阿彌陀佛：左觀世音菩薩，右大勢至菩薩（合稱西方三聖）

● 娑婆世界釋迦牟尼佛：左觀世音菩薩，右地藏菩薩（合稱娑婆三聖）

● 華藏世界毗盧遮那佛：左文殊菩薩，右普賢菩薩（合稱華嚴三聖）

● 琉璃光世界藥師佛：左日光普照菩薩，右月光普照菩薩（合稱東方三聖）

但是「大菩薩」和「菩薩」只差一個字，我們平常為稱讚他人善行，也都以「大菩薩」來尊稱，但其實「大菩薩」和「菩薩」是相距十萬八千里，「大菩薩」多半通曉般若實義並具足神通，而「菩薩」只是發願走向菩薩道的有情眾生，難以相提並論。不過在修行法門中，各種信奉「菩薩摩訶薩」法門則非常普遍。

🪷 觀世音菩薩

　　觀世音菩薩（Avalokitasvara）在華人世界幾乎是菩薩法門最普遍的一種修行，甚至變成單獨具體的「宗教信仰」，觀世音菩薩在遠古即已成佛，佛號是「正法明如來」，它以大慈悲心，普度眾生，倒駕慈航再回到娑婆世界，以示現菩薩相，入世人間教化救苦，因此一提到觀世音菩薩，聯想而之的必是慈悲為懷、救苦救難、普度眾生。而常恭敬念誦觀世音菩薩名號，承菩薩力即可具足一切功德。

■ 善男子：此菩薩不可思議威神之力，過去無量劫中，已作佛竟，號正法明如來。大悲願力，為欲發起一切菩薩，安樂成熟諸眾生故，現作菩薩。……一切人天，常須供養，專稱名號，得無量福，滅無量罪，命終往生阿彌陀佛國。（廣大圓滿無礙大悲心陀羅尼經）

■ 若有眾生多於淫慾，常念恭敬觀世音菩薩，便得離欲；若多瞋恚，常念恭敬觀世音菩薩，便得離瞋；若多愚癡，常念恭敬觀世音菩薩，便得離癡。無盡意！觀世音菩薩有如是等大威神力，多所饒益，是故眾生常應心念。（法華經普門品）

■ 佛告總持王菩薩言：「善男子，汝等當知，今此會中，有一菩薩摩訶薩，名曰觀世音自在。從無量劫來，成就大慈大悲，善能修習無量陀羅尼門，為欲安樂諸眾生故，密放如是大神通力。」（廣大圓滿無礙大悲心陀羅尼經）

■ 佛說是語已，爾時觀世音菩薩，從座而起，整理衣服，向佛合掌，白佛言：「世尊，我有『大悲心陀羅尼咒』，今當欲說，為諸眾生得安樂故，除一切病故，得壽命故，得富饒故，滅除一切惡業重罪故，離障難故，增長一切白法諸功德故，成就一切諸善根故，遠離一切諸怖畏故，速能滿足一切諸希求故。惟

菩提明心花開見佛

願世尊，慈哀聽許。」（廣大圓滿無礙大悲心陀羅尼經）

■ 觀世音菩薩復白佛言。世尊。若諸人天誦持大悲章句者。臨命終時。十方諸佛皆來授手。欲生何等佛土。隨願皆得往生。復白佛言。世尊。若諸眾生誦持大悲神咒。墮三惡道者。我誓不成正覺。誦持大悲神咒者。若不生諸佛國者。我誓不成正覺。（廣大圓滿無礙大悲心陀羅尼經）

■ 若諸天人，誦持大悲章句者，臨命終時，十方諸佛，皆來授手，欲生何等佛土，隨願皆得往生。……誦持大悲神咒，於現生中，一切所求不果遂者，不得為大悲心陀羅尼也。（廣大圓滿無礙大悲心陀羅尼經）

🪷 地藏王菩薩

地藏王菩薩（Ksitigarbha）因為發弘大誓願而成就菩薩位，在《地藏十輪經》說地藏菩薩「安忍不動，猶如大地，靜慮深密，猶如密藏。」故稱為地藏菩薩。

■ 此善男子發心已來，過無量無邊不可思議阿僧祇劫，久已能度薩婆若海，功德滿足。但依本願自在力故，權巧現化，影應十方。雖復普遊一切刹土，常起功業，而於五濁惡世，化益偏厚，亦依本願力所熏習故，及因眾生應受化業故也。」地藏菩薩因發有「眾生度盡、方證菩提；地獄不空、誓不成佛」之大願故被尊稱為大願地藏菩薩。（占察善惡業報經）

■ 閻浮眾生，舉心動念，無非是罪，脫獲善利，多退初心，若遇惡緣，念念增益。（地藏菩薩本願經）

由於修行地藏菩薩道、念「地藏經」均屬「承佛菩薩威力」，過程

甚是簡易，因此信奉者衆。

■ 聞是地藏菩薩摩訶薩名者，或合掌者、讚歎者、作禮者、戀慕者，是人超越三十劫罪。（地藏菩薩本願經）

■ 或彩畫形像，或土石膠漆，金銀銅鐵、作此菩薩，一瞻一禮者，是人百返生於三十三天，永不墮於惡道。假如天福盡故，下生人間，猶爲國王，不失大利。（地藏菩薩本願經）

■ 如是三白病人，遣令聞知。假令諸識分散，至氣盡者，乃至一日、二日、三日、四日至七日以來。但高聲白，高聲讀經。是人命終之後。宿殃重罪，至於五無間罪，永得解脫，所受生處，常知宿命。（地藏菩薩本願經）

■ 復次普廣：若未來世，有諸下賤等人，或奴或婢，乃至諸不自由之人，覺知宿業，要懺悔者。志心瞻禮地藏菩薩形像，乃至十七日中，念菩薩名，可滿萬遍。如是等人，盡此報後，千萬生中，常生尊貴，更不經三惡道苦。（地藏菩薩本願經）

■ 若未來世，有善男子、善女人，欲發廣大慈心、救度一切眾生者，欲修無上菩提者，欲出離三界者，是諸人等，見地藏形像，及聞名者，至心歸依，或以香花、衣服、寶貝、飲食，供養瞻禮，是善男女等，所願速成，永無障礙。」「更能每日念菩薩名千遍，至於千日，是人當得菩薩遣所在土地鬼神，終身衛護。現世衣食豐溢，無諸疾苦，乃至橫事，不入其門，何況及身，是人畢竟得菩薩摩頂授記。（地藏菩薩本願經·見聞利益品第十二）

地藏菩薩信仰在日本也非常普遍，日本人認爲地藏菩薩是旅行者、兒童的保護者，因此日本經常豎立「地藏菩薩塑像」於十字路口或岔路口，以保佑旅行者與兒童。另外日本亦認爲地藏菩薩悲憫早夭嬰孩，示

現爲早夭嬰孩之依護免受惡鬼所害，因此在日本地藏形象多塑造成菩薩或揹或抱著嬰孩，甚至幼童環繞，成爲幼童之守護者，稱爲「子安地藏」、「子守地藏」等。

除觀世音菩薩及地藏王菩薩外，還有甚多菩薩摩訶薩例如文殊菩薩、普賢菩薩、準提菩薩……等等，很多經文中，很多菩薩也都當任佛之護法與護持者，極力背書或肯定佛所宣說，都各有其根據的不同經典與修行法門。

🪷 文殊菩薩

文殊菩薩又稱文殊師利菩薩、曼殊室利菩薩、妙吉祥菩薩，釋迦牟尼佛的左脅侍菩薩，執行長的意思，代表智慧。因德才超群，居菩薩之首，故稱法王子。在佛教中，文殊菩薩被稱爲三世古佛、七佛之母。根據佛教經典，文殊菩薩於無量阿僧祇劫前早已成佛，在燃燈佛將成佛時，曾經倒駕慈航化身爲「妙光菩薩」，爲燃燈佛說法，如今化現爲菩薩，協助釋迦牟尼佛度化衆生。文殊的形象爲騎乘青獅、持寶劍，其中騎獅表示威猛，持劍表示智慧。文殊菩薩在佛教中一直是智慧的象徵，其注重一切般若，被稱智慧第一。

■ 過去久遠無量無邊阿僧祇劫，爾時有佛，號「龍種上如來」……過去無量無邊不可思議阿僧祇劫，爾時有佛，名龍種上如來，國名平等，乃至爾時平等世界，龍種上如來豈異人乎？即文殊師利法王子。（首楞嚴三昧經）

■ 過去無數阿僧祇劫有佛，名「大身如來」……剎號空寂，正於此處成無上等正覺……爾時大身如來，今文殊師利是。（菩薩瓔珞經）

■ 此菩薩自往昔那由他阿僧祇劫以來，發十八種大願，嚴淨佛

國，當來成佛，號爲「普現如來」，其佛土在南方，號離塵垢心世界、無垢世界。（大寶積經‧文殊師利授記會）

■ 欲入一行三昧，應處空閒，舍諸亂意，不取相貌，系心一佛，專稱名字，隨佛方所，端心正向。能於一佛念念相續，卽是念中，能見過去、未來、現在諸佛。何以故？念一佛功德無量無邊，亦與無量諸佛功德無二。（文殊說般若經）

🪷 普賢菩薩

普賢菩薩是象徵德行的菩薩，與文殊菩薩的智慧相對應，是娑婆世界釋迦牟尼佛的右、左脅侍，合稱爲「華嚴三聖」。《法華經普賢勸發品》描述：普賢菩薩來自東方寶威德上王佛國，至娑婆世界參加法華經聖會，因此一般均稱普賢菩薩來自東方寶威德上王佛國淨土。而《悲華經》有述：寶藏佛授記普賢菩薩未來將成佛，名爲智剛吼自在相王佛。

■ 爾時，普賢菩薩摩訶薩，稱讚如來勝功德已，告諸菩薩及善財言：『善男子！如來功德，假使十方一切諸佛，經不可說不可說佛刹極微塵數劫，相續演說，不可窮盡！若欲成就此功德門，應修十種廣大行願。何等爲十？一者、禮敬諸佛。二者、稱讚如來。三者、廣修供養。四者、懺悔業障。五者、隨喜功德。六者、請轉法輪。七者、請佛住世。八者、常隨佛學。九者、恆順眾生。十者、普皆迴向。（華嚴經普賢行願品）

■ 世尊，我今以神通力故守護是經，於如來滅後，閻浮提內廣令流布使不斷絕。爾時釋迦牟尼佛讚言：「善哉善哉，普賢。汝能護助是經，令多所眾生安樂利益，汝已成就不可思議功德深大慈悲，從久遠來發阿耨多羅三藐三菩提意，而能作是神通之願守護是經。我當以神通力守護能受持普賢菩薩名者，普賢，

菩提明心花開見佛

若有受持讀誦正憶念修習書寫是法華經者，當知是人則見釋迦牟尼佛，如從佛口聞此經典，當知是人供養釋迦牟尼佛，當知是人佛讚善哉，當知是人為釋迦牟尼佛手摩其頭。……是人心意質直，有正憶念有福德力，是人不為三毒所惱，亦復不為嫉妒我慢邪慢增上慢所惱，是人少欲知足能修普賢之行。」（法華經普賢菩薩勸發品）

以上即是一般佛教最常稱頌依持的四位大菩薩。

❧ 咒語修行法門

此外，在釋迦牟尼佛成佛之初是反對用「神通」來開釋或說法的，因此當時並沒有佛咒的修行法門，但後來婆羅門教主張用咒語來修行，影響日大，因此後續佛經也都加入各種咒語，成為咒語修行法門，例如號稱神咒之王的準提神咒、大悲咒、六字大明咒、往生咒、藥師咒、靜心咒、清心咒、淨水咒、觀音咒、財神咒、綠度母心咒、消災吉祥咒、文殊智慧咒、阿閦佛心咒、白度母心咒、報父母恩咒、文殊八字咒、金剛薩埵心咒、孔雀明王咒……。

至此，我們已可以理解佛教修行的最主要差異原因，就是表現在他方佛國世界、諸菩薩摩訶薩、咒語修行的認知與正信心，產生了分歧與差別，比較容易區別的是，當信眾過度投入某種佛國、菩薩及念咒信仰時，相對於佛學的基本教義，相對就沒有那麼熟稔。

結語

本書從苦集滅道敍述佛陀一生所宣說佛法的大意，當然這未必是正確，也無法完整，畢竟2500年後的今天，任誰也沒有正確而完整的資料可以詮釋「沒有留下著作」的佛陀真正思維。

　　但正如本書所言，如果是針對一個初學佛而言，至少可以有一個佛學的概念，可以依此找到自己想要探尋或研究的方向與內容，持續更深入去閱覽或聽經聞法，在本書的最後，個人也整理出三點做為個人對學佛與佛學的心得與想法：

　　一、心的修行

　　二、生命的維度

　　三、菩提明心花開見佛

【結語】

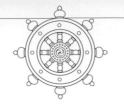

第二十八章
心的修行

在本書第四章「佛陀走過那些地方」，第五章「佛陀向誰說法」，我們很清楚看到佛陀一生的行與願，佛陀的信念與堅持，佛陀劍及履及地「實際與眾生接觸」和「永遠爲眾生說法」，如果以世間法的職志來簡述，佛陀可稱爲『生命的心靈導師』，他所宣說都是人間實相，都是心靈內容，因此，對於佛陀，我覺得可以用「心的修行」來向他學習、來做描述、來當目的、來做一個總結。

一般人的「心」，是一種觀念、心境、感受與記憶，是由「五蘊」色受想行識在不同的時間與空間中所衍生出的「概念思維」，這些籠統而不能究竟的「概念思維」導致眾生在生命過程中產生各種的情緒變化、榮辱得失、價值錯亂、思想僵化、人云亦云、人想亦想……，迷惘恐懼在「自我」框架中而不自知，而「心的修行」就是要轉化這一種虛妄的無明，回到我們本然的清淨面目，使我們變得比以前更安定、更清淨、更覺知、更寂靜。

■ 若人欲了知，三世一切佛。應觀法界性，一切唯心造。（華嚴經）

那「心的修行」方向與內容是甚麼？就是佛智慧的重心「般若波羅蜜多」，讓我們重新用般若智慧去觀照：「觀身不淨、觀受是苦、觀心無常、觀法無我」，般若智慧需從煩惱痛苦中生，只有入煩惱苦海，才

有照見無上智慧的可能性。

　　綜合本書前述章節所敍述，例如諸相非相、如來眞實義、應無所住、出離與自在、無實無有法名爲菩薩、涅槃寂靜，我們將世上佛學的要義簡述成如下的要點，而這要點也是「心的修行」簡單內容：

❀ 生命與自性

　　我們的生命與一種更偉大的、更超乎尋常的力量連結著，這個宇宙中心的偉大靈魂，它無處不在，無法用我們的語言、文字與知識去形容、理解與探究，它不屬於我們的知覺世界，它就是你的「自性」，我們只需放下心中所有的迷惑探索，只用心去「感受」它，其實它一直都在。

　　生命本身，原本就超越所謂的「概念」，生命根本不需要去解釋哪些「知識」，生命本來就不需要一大堆的形容詞、名詞與分詞，生命不需要我們去描繪「動機」，不需要另設「目的」來侷限它，生命單純只是「存在」兩個字，就已經蘊藏無窮的奧妙與美麗，佛法也是一樣，佛法是洞觀宇宙眞理的智慧，沒有辦法用「知識概念」來談論。

- 諸法從本來，常自寂滅相。（法華經）
- 云何十八界，本如來藏妙眞如性。四大和合，發明世間種種變化。若和合者，同於變化。始終相成，生滅相續。（楞嚴經）
- 云何汝等，遺失本妙……，色雜妄想，想相爲身。聚緣內搖，趣外奔逸。昏擾擾相，以爲心性。（楞嚴經）
- 何期自性本自清淨！何期自性本不生滅！何期自性本自具足！何期自性本無動搖！何期自性能生萬法！（六祖壇經）
- 舍利子，是諸法空相，不生不滅，不垢不淨，不增不減。（心經）

■ 因緣和合，虛妄有生。因緣別離，虛妄名滅。（大佛頂首楞嚴經）

🪷 無我與無常

自我「無壽者相」，世上並不存在著一種「延續」的生命概念，今天我活著，然後下輩子我又帶著這個「同樣的我」去輪迴、去延續，不可能的；生命具「無壽者相」，所有生命的記憶、擁有的相關器物、財富、情感、榮辱與名聲……都將隨著你生命的結束而離你遠去，一切你所追求的、所擁有的……終將變爲夢幻泡影。

只有你在生命過程中對外境的那種「執」、那種你指揮身心的「原則」會被你帶走，也就是「業力」，它是你生命趨向的「影射」與「相關」，你喜歡助人，「業力」會複製你「來生」繼續幫人並且被人幫助的情境，你一生憎恨忿怒，「業力」會爲你尋找「來生」與人持續跟別人憎恨忿怒的境遇，今生你能帶走的，就只有你的生命「慣性」，也就是「業力」。

自我的心識是由「五蘊」所形成的，但這「五蘊」的內容來自時空與色境的因緣組合，既非可信賴的原則、也非永恆不變的眞理，它無法讓你知道「你到底是誰」，「五蘊」會像沙塵一樣，會覆蓋著我們的「自性」，讓你找不著它，但卻因此被「無明」所繫縛。

而這五蘊本具「空」性，同時具有三種特性：經常性的變動、我們無法掌控、不具獨存性，看出諸法的空相，才能觀照出世間一切的存在都是虛妄不實，瞬間變化、幻滅無常，青春、財富、情感、名利權勢、健康都是如此。

■ 過去心不可得　現在心不可得　未來心不可得。（金剛經）
■ 觀自在菩薩，行深般若波羅蜜多時，照見五蘊皆空，度一切苦

菩提明心花開見佛

厄。（心經）

■ 一切有爲法，如夢幻泡影，如露亦如電，應作如是觀。（金剛經）

■ 佛告須菩提：凡所有相，皆是虛妄。若見諸相非相，即見如來。（金剛經）

■ 離一切諸相，即名諸佛。（金剛經）

■ 若人欲了知，三世一切佛。應觀法界性，一切唯心造。（華嚴經）

■ 欲知前世因，今生受者是；欲知來世果，今生作者是。（維摩詰所說經）

🪷 分別執著與妄想

我們的「心識」經常會攀緣外境，被外境緊緊抓住，當我們的心執著於某種政黨、婆媳關係、商業品牌、宗教、感情、歷史、社會歸屬感、金錢獲取態度、人生價值觀……時，我們所有的想法、理智、分析、判斷、妥協……都將被壓抑驅使，這種強烈的「執著」，會像身上竹籠「背著石頭」一般，長期而且沉重地壓在我們身心，「應無所住」才能讓自己停下腳步，放下竹籠，將石頭拿出拋棄。

人生活在雜染社會中，經常會以某種方式在「消耗」我們自己的生命能量，我們活在別人的「嘴巴」裡，我們活在別人設計的「商業圈套」裡，我們的「心識」被變相的控制和操縱著，特別是商業社會主導的媒體，日夜所宣說的都是「財富價值」，如果你不符合交易行爲的完成，社會及媒體就會長期窄化你、貶低你，這些「五蘊霸凌」，靠的就是你的支持與嚮往，是你自己卻被它深深吸引而不自知，是你「畫地爲城」，然後獨守空城。是你「自己建造監獄」，你把自己拘禁在其中。

我們習慣、依賴我們的思想體系後，就這樣一直困在二元思維的

「分別」框架中，比較、是非、對錯、生死、卓越與平凡、成長與衰退……，從此，我們回不到原來的「清淨自在」。

■ 心有所住，即為非住。應無所住而生其心。（金剛經）
■ 菩提本無樹，明鏡亦非台。本來無一物，何處染塵埃。（六祖壇經）
■ 如來者，即諸法如義。（金剛經）
■ 如來者，無所從來，亦無所去，故名如來。（金剛經）
■ 爾時，世尊而說頌曰：「諸以色觀我，以音聲尋我，彼生履邪斷，不能當見我。應觀佛法性，即導師法身；法性非所識，故彼不能了。」（玄奘譯能斷金剛般若波羅蜜多經）

🪷 出離與解脫

你必須「出離」，你必須解脫束縛，不再執著過去認知的事物與概念，除去身上和心裡所有的「標籤」和「符號」，堅定地意識到生命更內在的喜悅，更深層的價值，只有出離「分別」與「執著」，回歸自性，它們才會失去指揮你的能力，失去擺布你的能力，你的心才會變得更自由自在，你必須「跨越」那些別人的解釋，將心投入到一個完全不被糾纏的空間，這時你的心靈才會開始富足起來，帶著喜悅而脈動。

因此，佛說：你不需要再做些甚麼，你也不需要再經歷甚麼去變得更完滿，你本身就是一個究竟完滿，你自己本來就「蘊藏天地間一切奧祕與奧妙」，你的自性、你的存在，就是生命最圓滿的一部分；如來，就是一如它本來真實的樣子，修行並不是要遇見佛，而是要遇見你自己。

當我們一旦重新認識了自己，這時我們的恐懼將會消失，生命將是一個全新的自己，不再世俗，不再平凡，你將看到一切存在的自信、奧

妙和喜悅，當你走進「寂靜涅槃」，走進自己最內在的核心時，只有純粹的覺知，只有那個「純粹」。

你只需內觀真如與自性，了知一切法，「自性本身」就會透露出它的奧祕；生命只需要信任和臣服，你的存在，就是生命與宇宙真理實相最完整的解釋，因此，只有悟自本心就是一切修行的心要，要記得，是悟自本心。

你不必找尋，你找尋，你將永遠找不到，因為每一個找尋，都是「起心動念」，會讓你離開自性；你也不必敲門，因為你的敲門是一種欲望，只要心存我執、法執，就沒有人能穿越「無門之門」，只有放下這個念頭，路，四處都在。

當你超越二元對立的領域，超越對與錯、超越強與弱、超越富與貧、超越是與非、超越苦與樂……時，你將會走入一個完全不同的空間，一個寂靜清境的空間，佛陀，將在那與你相遇。

■ 心生種種法生，心滅種種法滅。（楞嚴經）

■ 離一切相，即一切法。（大佛頂首楞嚴經）

■ 汝等凡夫，不觀自心，是故漂流生死海中。諸佛菩薩能觀心故，度生死海，到於彼岸。（大乘本生心地觀經）

■ 觀身不淨、觀受是苦、觀心無常、觀法無我。（佛說大乘善見變化文殊師利問法經）

■ 若攝心者，心則在定。心在定故，能知世間生滅法相。（佛遺教經）

■ 在於閑處，修攝其心。安住不動，如須彌山。觀一切法，皆無所有。猶如虛空，無有堅固。不生不出，不動不退，常住一相。《妙法蓮華經》

這就是「心的修行」的全部。

第二十九章
生命的維度

菩提明心花開見佛

🪷 自我與色境

　　一個人想要深入去了解和探索「生命的維度」之前，對「自我」與外界的「色境」就必須先有所覺知；《金剛經》說：做一個菩薩不應該有「壽者相」，就是說世上並不存在著一種「延續的」生命概念，今天的我，到下輩子還要再繼續，這是絕不可能的事，生命「無壽者相」，所有自我的記憶、學經歷、財富與情感……都在生命結束時同時幻滅，下輩子自然會有下輩子的新五蘊，新的我；一個具備「無壽者相」覺知的人，才可能理解「無我」的真正意義，進而對「自我」進行全面性的省思與出離。

　　我們來看看對於「心」與「境」應該持有怎樣的態度：

　　佛問須菩提：「告訴我，須菩提，很久以前，我隨著燃燈佛修學的時候，我是否達成了任何真理？是否得到了任何真理？」

　　須菩提回答說：「世尊，您隨著燃燈佛修學時，並未達成任何真理，也沒得到過任何真理。」

　　「我再問你，須菩提，佛是否創造出一個莊嚴美好的世界？」

　　「沒有，世尊，莊嚴美好的世界並不是真的莊嚴美好世界，沒有甚麼世界是莊嚴美好的，它只是『被稱為』莊嚴美好而已。」

　　「確實，須菩提，所有的菩薩都應該培養一個清淨、無染的心，不要依賴視覺、聲音、觸覺、味道、氣味，或心中生起的任何念頭，菩薩

應當培養一個不受別人影響、不執著在任何地方的心。」

■ 佛告須菩提：「於意雲何？如來昔在然燈佛所，於法有所得
不？」

「不也，世尊！如來在然燈佛所，於法實無所得。」

「須菩提！於意雲何？菩薩莊嚴佛土不？」

「不也，世尊！何以故？莊嚴佛土者，則非莊嚴，是名莊
嚴。」

「是故須菩提！諸菩薩摩訶薩應如是生清淨心，不應住色生
心，不應住聲香味觸法生心，應無所住而生其心。」（金剛經
第10分）

　　佛陀完全不會執著於人世間的一切形容詞，甚麼是莊嚴，甚麼是不
莊嚴，難道「莊嚴與否」會有一種標準答案嗎？會有一套評價邏輯嗎？
「諸菩薩摩訶薩應如是生清淨心，不應住色生心，不應住聲香味觸法生
心，應無所住而生其心。」對於所處任何色境，所遭遇的任何問題，佛
陀一樣都無所住但能生清淨心，就是這種思維，佛陀有著和所有人不一
樣的生命維度。

❧ 生命的維度

　　任何人看待世界的維度不同，認知度和自由度當然不會一樣，為了
回答「生命的意義」，這世上已經出現過一萬種以上的答案：

● 亞里斯多德說：「人生最終的價值在於覺醒和思考能力，而不
在生存。」

● 孔子說：「未知生，焉知死。」

● 萊辛說：「人的價值並不取決於是否掌握真理，或者自認為

真理已經在握；決定人的價值的是追求真理時孜孜不倦的精神。」

● 羅丹：「為了生活中努力發揮自己的作用，熱愛人生吧。」

● 柏拉圖說：「不能反思的人生，是不值得活的人生。」

● 雪萊說：「過去屬於死神，未來才屬於你自己。」

● 屠格涅夫說：「要找出自己價值多少，那是別人的事情，主要的是你自己能奉獻出多少。」

● 畢卡索：「高尚的風度？多可怕的東西！風度乃是創造力的敵人。」

● 泰戈爾說：「天空雖不曾留下痕跡，但是我已飛過。」

● 文天祥說：「人生自古誰無死，留取丹心照汗青。」

● 托爾斯泰說：「人生不是一種享樂，而是一椿十分沉重的工作。」

● 尼采：「要真正體驗生命，必須站在生命之上！為此要學會向高處攀登！為此要學會俯視下方。」

● 蕭伯納說：「自我控制是最強者的本能。」

● ……

從各名人觀點來看，人像是喜歡「追尋意義」的動物，相對而言，佛陀回答這些問題，答案就截然不同，因為佛陀是第一個說出「無我」概念的人，既然無我相、無壽者相，何來甚麼生命意義？佛陀認為生命的意義本就已經存在，何須再探討？生命「存在」本身就具有無窮的意義與奧妙，況且，對生命的意義，人生的價值，更不需要人云亦云，受別人影響，我們的心識不必執著在任何地方、任何想法，這就是佛陀生命的維度，自在清淨，走自己的路，完全不會受限於世俗思維所影響、所侷限。

🪷 佛陀只是個乞食者

　　以世間一般思維而言，比起上述這些大名人，佛陀算是最沒有成就，我們回過頭看看佛陀的托缽乞食，接受居民布施，然後佛陀致謝離去，就這樣。佛陀沒有要去摘下天上雲朵，沒有要成就甚麼人間功業，就只是這樣一直走著，仔細分析佛陀大部分說法對象，都不是針對給予佛陀布施的人，接受布施與說法並沒有絕對「對價關係」，對所有問法於佛陀的人，佛陀都給予無私而完美的解答，這就是佛陀的生命維度，沒有自己，但卻慈悲為懷，努力讓人心靈充滿，法喜充滿，雖然從人間所有觀察角度來看，佛陀只是一個乞食者，但當佛陀入滅之時，印度八大國國王卻急忙興兵趕至，皆是要分請佛陀舍利回國供奉。

　　你能理解這個層次的真正意義時，您的生命維度即能豁然開朗。

🪷 生命自我精彩

　　你的心靈修行之路，不需要經過任何人允許和同意，你想去做，就積極踏出第一步，自在、喜悅、慈心……才是生命能量充滿、蓬勃發展、精彩躍動……的表徵，而所謂醒悟自己就是「重新啟動自己」的開關，提升和找到自己的內心層次，那個層次就是「無我」，不是改變自己喔，是醒悟自己，自己並不需要改變，因為你所要「依止」的「寂靜自性」它本來就存在，「無我」本來就是你的原始面貌，不要害怕你會消失，你只需要去覺悟它，把無我「覺知」出來而已，也正是從那一刻起，你丟棄了虛妄的我，這個虛妄的我佛陀會將它帶走，但佛陀給了你另一個全新的我，您的生命維度也從此無邊無際，但精彩無比。

　　那佛陀是不食人間煙火，反對厭離人世間一切事物？絕對不是，佛陀對於人世間的一切，完全不排斥，而且可以完全貼切地知道眾生之所需，佛的證悟是「心的覺知」而不是「生活內容」的顛覆，如果你問佛

陀：

- 人生在世，甚麼是眾生最重要的東西？
- 甚麼是眾生最重要的伴侶？
- 人要靠甚麼才能生活存命？
- 生命最重要的依靠是甚麼？

你猜佛陀會怎麼說？佛陀的回答永遠都是務實而深具般若智慧，看看雜阿含經的真實經文內容，佛陀怎樣回答當時一位容色絕妙天子的請法：

■ 如是我聞：一時，佛住舍衛國祇樹給孤獨園。時，有天子容色絕妙，於後夜時來詣佛所，稽首佛足，退坐一面，身諸光明遍照祇樹給孤獨園。時，彼天子說偈問佛：「何等人之物？何名第一伴？以何而活命？眾生何處依？」
爾時，世尊說偈答言：「田宅眾生有，賢妻第一伴，飲食已存命，業為眾生依。」（雜阿含經第1218經）

佛陀這樣回答容色絕妙的天子：

- 人活世間，在物質上最重要的是擁有土地田產房屋；
- 人精神上的依靠，最重要的是要有賢妻或賢夫伴侶；
- 在生活上，只有衣食充實不缺才是生活續命的最有力保障；
- 而生命最重要的依靠則是「業力」，只有知道業力才是我們生命的軸心，一直貫穿在前世與今生，知道「萬般帶不走，唯有業隨身」；人生在世當然不能沒有土地田產、伴侶、生活飲食，這些都很重要，但是，業才是我們生命所依，才是更為重要的。

佛的證悟是「心的覺知」，絕對不是「生活內容」的顛覆，太多人學佛，始終迷失在現實與自性之間，把自性套入生活來評論，分不清「心的覺知」才是佛法的一切，不了解此點，生命就會處於矛盾和虛無縹緲，生命何來所謂維度。

【結語】

第三十章
菩提明心花開見佛

🪷 菩提明心

佛的道路和所有宗教不同，所有近一萬種存在過人間的宗教，無不都是崇拜、臣服、畏懼、期待施捨、等待奇蹟和各種的祈求，「有所祈求」的動機無論為何，本質上都是一種「不勞而獲」，向神、仙、靈、魔、歷史人物、特別的動植物、不知是否是生命的未知力量……等等祈求，「期待生命資源的增加」，祈求健康、巨大財富、姻緣、度過苦難、安全、祈求成就某一件事或生意、改變氣候、考上學校或證照……。

唯獨佛陀與眾不同，佛陀不扮演全能的神仙靈角色，佛陀不是救世主，也不是神明代言人，佛陀只是心靈導師，只是一個遊行人間的善知識傳播者。

佛陀在圓寂之前向弟子們說：「眾比丘們，萬法自性仍歸於滅，宇宙間有生必有死，不要難過，只有信任自己，緊握佛法明燈，自己在真理中求解脫，這才是我的教導。」

只有相信自己，緊握佛法明燈，在諸法實相中求解脫，才是我的教導。

因此，做為一個佛弟子或想學佛之人，都只能依止佛陀的教法，自己親身精進努力去修行，才有可能覺知善知識，證得寂靜涅槃，虔誠崇拜、不斷祈求，未必有實質上的心靈覺醒意義，佛，不完全是宗教。

　　有一次佛弟子目揵連問佛陀：「佛陀，所有弟子都聽從您的訓誨與教導，我們都一定都可以證得涅槃寂靜嗎？」佛陀回答說：「目揵連！不一定，有的弟子可以證得，有的弟子無法證得。」

■ 算數目揵連即復問曰：「沙門瞿曇！一切弟子如是訓誨、如是教訶，盡得究竟智必涅槃耶？」
　世尊答曰：「目揵連！不一向得，或有得者，或不得者。」……（中阿含經第144經）

■ 如是，目揵連！我亦無事。有彼涅槃、有涅槃道，我為導師，為諸比丘如是訓誨，如是教訶，得究竟涅槃，或有不得。目揵連！但各自隨比丘所行，爾時世尊便記彼行，謂究竟漏盡耳。（中阿含經第144經）

■ 眾比丘雖然都「彼人聞汝語，受汝教」，但是「各自隨比丘所行」，有人光聽不「行」、光說不「修」、光教人而不「自證」，這些都是不求正道而行，當然「得究竟涅槃，或有不得。」
　四因緣故，不般涅槃。何等為四？一、生無暇故；二、放逸過故；三、邪解行故；四、有障過故。（瑜伽師地論第21卷）

　　佛陀是一個極其務實的人，只對人生問題感興趣，尤其是對人生痛苦與煩惱的解決之道，佛陀也因此奉獻自己的一生，但是他並不相信有至高無上的「神」的存在，佛陀認為任何人的覺悟與成就，完全只會歸功於每個人的努力，而且只要肯努力，每個人都潛藏有成佛的可能。佛陀告誡弟子，我圓寂後不要做個人崇拜，要以法為師，要「依法不依人」。

■ 爾時，如來告阿難言：「汝勿見我入般涅槃，便謂正法於此永絕，何以故？我昔爲諸比丘制戒波羅提木叉，及餘所說種種妙法，此卽便是汝等大師，如我在世，無有異也。」（法顯譯大涅槃經）

本書卽是以「以法爲師」的起點去嚐試捕捉佛陀的點點滴滴，而《大智度論》中提到的菩薩修行階位概念，共有五種菩提階段：
一、發心菩提：於無量生死中發心，爲成就阿耨多羅三藐三菩提故，名發心菩提。
二、伏心菩提：能折諸煩惱，降伏自心，行諸波羅蜜，名伏心菩提。
三、明心菩提：能觀三世諸法本末總相、別相，分別籌量，證知諸法實相，畢竟清淨，所謂般若波羅蜜相，名明心菩提。
四、出到菩提：於般若波羅蜜中得方便力故，亦不著般若波羅蜜，滅一切煩惱，見一切十方諸佛，得無生法忍，出三界，到薩婆若，名出到菩提。
五、無上菩提：坐道場，斷煩惱習，證得阿耨多羅三藐三菩提，名無上菩提。（大智度論）

本書正是以達成「明心菩提」目標爲書中內容前提，對出到菩提、無上菩提，個人則沒有概念，無法闡述，因此書名《菩提明心》卽是此意。

❧ 相信佛陀

就哲學與存在的探討來看，生命中有沒有佛、有沒有神，都還是會面臨這些問題：

- 我從哪裡來？
- 死後哪裡去？
- 生命意義爲何？
- 如何安住自己內心？
- 生命的真實相是甚麼？

解答這些問題並無須求助鬼神，其實佛陀都已明確宣講過：

- 我從哪裡來：我們的生命源自於「自性」，這個「自性」連結著一個我們無法理解的神祕力量與偉大靈魂，在每一次的時空因緣下，我們的「一次生命旅程」會結合「地水火風」而被開啟，但是本質還是「無壽者相」，沒有一個連續不斷的記憶、心識可以「被延續」，我們只能帶著過去「生命旅程」的行識模式，不斷在生命輪迴中流浪生死，循環不已。

- 死後哪裡去：就像一切有爲法一樣，「一次生命旅程」結束後，所有的一切事物與心識，都將隨今生滅盡而空無一物。在每一次生命旅程中，我們的「執」會形成一種「業力」，做爲「下一次生命旅程」的模式與引導，你喜歡欺騙取巧，「業力」會隨你所喜，安排諸多欺騙取巧在「下一次生命旅程」裡，如你所願繼續騙人和被騙；若你心懷慈悲喜捨，「業力」也會隨你所喜，安排諸多助人和被幫助的「下一次生命旅程」，每一次生命，自性都永遠相隨，但業力則因你自己所想、所行、所識而安排你的死後環境模式，欲知來世果，今生做的是。

- 生命意義爲何：生命本就源自於自性，自性難以用感官、言語、文字、數字、現有空間思維、物質概念、黑洞、量子力學……來闡述，自性是生命和宇宙的清淨圓明體，它本身的存在就是一種完美、一種究竟，一種無上正等正覺的完美具足，

這就是生命的意義，它不生不滅、不增不減、不垢不淨，不必再添加甚麼，不必再尋找甚麼，不必再創造問題、然後尋找答案，它本身就是答案，就是意義，就是道路，就是眞理。

● 如何安住自己內心：明心見性，明白「自我」原來只是「被動接受」、「被動組合」出來的，原來只是個虛妄，洞觀出這個「非我」、「妄我」，五蘊皆空，才能眞實體認「諸法無我」，原來一切有爲法和「自我」都是這樣，如夢幻泡影，而我們誤信「虛妄相」而讓「妄心」升起，只有返妄歸眞，將心安住在自己原本具有的「眞如本性」，能明心，能見性，心才能安定。

● 生命的眞實相是甚麼：簡單的說，生命的眞實相具有這三種性質：諸行無常、諸法無我、寂靜涅槃。所有世間事、宇宙萬物，無不是一直在變化，我們的健康、靑春美麗、財富、資產、工作、運氣、感情、環境、氣候、價值觀、喜愛的影劇……都是無常，都是在不知不覺中變異消逝，而且無法掌握，好像凡事都由不得我們做主；資產、健康、感情……等若不能固定，生命當然痛苦不堪，當然會感覺到「無常是苦」，再加上「我執」、「我所」的不如實知，那麼對今生今世到底要擁有甚麼、追求甚麼、丟棄甚麼、保存甚麼、在意甚麼、努力甚麼……，有一個堅實的取捨基礎，因爲理解諸行無常、諸法無我，人的內心才能回到自性來依止，安住於自性，讓圓滿究竟充滿於心中，讓煩惱止息，達到寂靜涅槃的境界。

菩提明心花開見佛

模糊、含糊籠統、沒有概念，反而會讓每個人的生命產生更多疑惑，當我們比較歷史人物、大學問家、功成名就的帝王、藝術家、修行者、哲學家、大文豪、武將、名臣宰相、詩人、史學家、政治家、科學家……，其實都沒有一個能像佛陀那麼簡潔地說：諸行無常、諸法無

我、寂靜涅槃。因此，在生命的信念上，佛的信仰就是一種完整的生命解釋體系，佛的智慧確實超越古今，聞所未聞。

❀ 若欲自證則能自證

任何信仰的基礎在「信」，不相信，佛法就不可能產生力量。

■ 信為道元功德母，長養一切諸善法；斷除疑網出愛流，開示涅槃無上道。（大方廣佛華嚴經・賢首品）

但是「信」並不是建立在「恐懼」之上，任何讓人產生「恐懼」的信仰都會壓抑所有「理智」，絕不可能衍生出「心解脫」，「信」的力量在「能自證」，如果自己能證明此事確是如此，你才會因此而產生決斷與決心，在回過頭來看看《雜阿含經》開宗明義第一經的內容：

■ 如是觀受、想、行、識無常，如是觀者，則為正觀。正觀者，則生厭離，厭離者，喜貪盡，喜貪盡者，說心解脫。如是，比丘，心解脫者，若欲自證，則能自證。我生已盡，梵行已立，所作已作，自知不受後有。（雜阿含經第1經）

佛法是用智慧、慈悲來自利利人的，因此正如經文所說，一個人能覺知「無常」、「無我」心才能生出「正定」，有如此「正觀」的人才知道今生所有的追求，並無法延續到來生，無論今生繼續追求甚麼、蒐集甚麼、攀緣甚麼、糾纏甚麼……，都只會產生短期而且一定的「相」與「作」而已，瞬間即逝，當我們的心不被繫著、侷限於此時，就能隨緣自在看一切財富、名利，佛陀說那就是「心解脫」，「心解脫」的人可以在自己內心深深地感覺出喜悅與圓滿，是不是這樣，自己也都可以

證明，不必外求別人肯定。

　　達成這種覺知與證悟的人，可以說我一生「心靈探索之旅」已經走完，未來生生世世，心要如何安住，未來要如何修行，我都已經了然於心，我自己知道再也不會像過去那樣，讓無明而引起痛苦困擾我，因為我已找到佛法修習的全部。

　　這就是「我生已盡，梵行已立，所作已作，若欲自證，則能自證」的要義。若心不能解脫，也只能帶著這些「不解脫」持續流浪生死，持續執著罣礙、顛倒夢想與生死輪迴，「自知不受後有」還無法出現在你身上。

🪷 我看見清水中加入一滴藍

　　大約2500年前，佛陀證悟無上妙法後，走在人間45年，自利利人，四處弘揚他的菩提心要，佛陀圓寂後，弟子深覺此等無上妙法不能就這樣任其消失，應該要有人傳承與流傳世間，就這樣在佛入滅那年，在「阿闍世王」保護之下，在摩揭陀國「王舍城」由「摩訶迦葉」為上首，會合五百比丘共同集結，用口誦偈文方式整理佛陀在世時之教導，內容雖不是佛所親說，但五百比丘畢竟全部有親身經歷過佛陀教導，加上驗證程序嚴謹，內容當然深具可信度，經過一、二百年，這些口誦偈文才正式以「經文書籍」傳承於世，這本最原始教義的經書就是「阿含經」，但「文字本」阿含經距離佛陀入滅已經超過一百多年。

　　佛入滅才一百多年後，佛弟子發生第二次集結時，佛教僧團已開始產生第一次重大分裂，稱為「根本分裂」，沒有佛陀在身邊的佛教上座部和大眾部各自分道揚鑣，佛在世時的「依法不依人」出現了「各自表述」，到了佛滅滿二百年時，接觸過佛陀的弟子早已全部圓寂超過百年以上，佛陀弟子的弟子的弟子，更因為對戒律、教義的見解差異，逐漸分成十八個部派，從此原本清澈的清水中，我看見了一滴藍，這些將水

加入一滴藍的印度高僧們都有強調他們是「正法」，但我知道他們其實都沒有隨伺過佛陀、親身聽法於佛陀。

這些戒律、教義的見解差異，造成僧團分裂的重點之一，就是：僧人對於布施中能否接受「金錢」一事，是「如法」還是「不如法」，就這樣引起針鋒相對的吵雜爭論，像筆者這種佛理膚淺、修學不足的旁觀者也知道：重點在「心」不在「錢」，心靜如水，諸相非相，接不接受金錢的布施有何差別？但若「心」住於「錢」，然後需要靠「戒律」來支撐接受金錢的如法性，這與凡夫何異？這種事也可以吵翻天，然後傳承後世2000多年，告訴後世他們的正念與正思維，只會令人百思不解。

大約佛入滅二百多年後，印度孔雀王朝「阿育王」投入了大量金錢，護送大量僧人到印度各地去傳教，並修建了許多佛教寺院和佛塔，從此，佛教寺院的常住僧人改變了的比丘托缽遊行人間的作息，想久住佛寺的高僧，勢必需要衍生出「更高深的佛理」來支持久住佛寺的合理性與當然性。

佛滅後約五百年，印度馬鳴、龍樹等大乘菩薩紛紛出世，其中馬鳴菩薩論著《佛所行讚》，主張「大乘佛教」，而且開始與「小乘佛教」有所區隔，而龍樹菩薩的《中論》、《大智度論》、《十二門論》、《十住毘婆沙論》等，加上弟子提婆著述的《百論》，大乘佛教從此建構起「高深佛理」，佛學也開始從「微積分」進入「高等微積分」，心的修行之前，修行心識的「理論」要先探究，滿天「佛國」也逐漸出現，學佛開始高深莫測而且內容豐富。

佛入滅後約一千年，梁武帝蕭衍篤信佛教，在即位的第三年，就率領二萬人皈依佛門，一生興建佛寺無數，唐代杜牧的詩這樣描寫「南朝四百八十寺，多少樓臺煙雨中」；之後梁武帝發表《斷酒肉文》禁止僧眾吃肉，他自己也行素食，從此開啟了漢傳佛教一千多年的「素食」傳統，梁武帝並沒有說明「南朝四百八十寺」天天吃肉，其實朝廷經費實在有點艱困。

在梁武帝皇后郗氏往生後的數月，梁武帝睡前驚見皇后轉世成大蛇，「誌公禪師」說：「必須要禮佛懺悔才能洗滌罪業。」武帝於是請「誌公禪師」搜尋佛經，摘錄佛的名號，並且依佛經來撰寫懺悔文，總共寫成十卷，稱為「梁皇寶懺」，從此漢傳佛教就流傳「梁皇寶懺」與法會，這「梁皇寶懺」佛陀當然沒有聽過，也未曾宣說，我們也不知道，應該相信梁武帝還是相信佛陀？

　　佛滅後一千一百多年，唐朝高僧「善導大師」習《觀無量壽經》，徹底覺悟，覺得這才是「真入佛之津要，修餘行業迂僻難成，惟此法門快速超越，超過生死。」從此「念佛」法門強勢流行於漢傳佛教和日本。

　　此後共一千多年間，全球各地、各朝代都有高僧大德投入，手中也都各抱持「一本經典」，對教義重點及順序，也都各有著墨，但也都衍生出新的教義；清水中我曾經看見的一滴藍，如今已經不再看見，因為紅、橙、黃、綠、藍、靛、紫一直都有人持續加入，唯獨沒再看見原來那杯清水。

❧ 花開見佛

● 理解自性的不生不滅，我們就可以克服「有一天我或許不會存在」的恐懼；

● 理解空性的不垢不淨、不增不減，就可以克服會引起人煩惱的貪與癡，看清會讓你被侷限、被綑綁的想法；

● 因為學佛，我們才學會看清生命實相；

　　當一個人保持著「寂靜涅槃」的心靈品質時，那麼生命將自然會充滿著「優雅」與「從容」，人生不必刻意要去做甚麼，一定要去完成甚麼，生命的本質本來就是圓滿與美麗，沒有附帶任何契約條款，就單純

菩提明心花開見佛

地讓所有的一切，「優雅從容地發生」，即使是死亡來臨，也是一樣，讓死亡優雅從容地發生，這就是佛的寂靜。

● 生，不能使我存在，它只是一段虛妄旅程；
● 死，也不會使我消失；
● 我的存在不依賴生死，
● 我的存在亦不會受生死所牽絆。

當清淨心生起時，煩惱斷滅，心無罣礙，遠離顛倒夢想，我們的生命也將走入一切法，無所有，畢竟空的寂靜完美空間。

■ 如是，比丘！於結所繫法隨順無常觀，住生滅觀、無欲觀、滅觀、捨觀，不生顧念，心不縛著，則愛滅，愛滅則取滅，取滅則有滅，有滅則生滅，生滅則老、病、死、憂、悲、惱、苦滅，如是如是純大苦聚滅。（雜阿含經第283經）

這就是本書捕捉「明心見性」的片段佛理，最後，我們回顧一下《金剛經》第二分的經文：

■ 時，長老須菩提在大眾中即從座起，偏袒右肩，右膝著地，合掌恭敬而白佛言：「希有！世尊！如來善護念諸菩薩，善付囑諸菩薩。世尊！善男子、善女人，發阿耨多羅三藐三菩提心，應云何住？云何降伏其心？」

譯 就在這個時候，長老須菩提從座位中站了起來，將僧袍撥向肩膀的一邊，袒露右肩，右膝蓋著地，雙手合掌向佛陀頂禮，恭敬地對佛陀說：「世尊啊！您是這麼的神奇美妙，多麼善於將高深的佛法護持顧念諸菩薩，多麼善於付囑教導諸菩薩，無論初學或久學菩薩眾，都得到您最高的教誨和開悟，世尊，如果

有世間的善男子、善女人發心走向菩薩道，應該如何自處？如何精進修行？如何降伏妄心？」

■ 佛言：「善哉，善哉。須菩提！如汝所說：如來善護念諸菩薩，善付囑諸菩薩，汝今諦聽！當爲汝說：善男子、善女人，發阿耨多羅三藐三菩提心，應如是住，如是降伏其心。」

譯 佛陀說：「問得好，問得好，須菩提，你問的這個問題太好了，正如你所說的，如來善於護持顧念諸菩薩，善於付囑教導諸菩薩，你現在就仔細聽，用心聽，我就爲你解說，所有世間的善男子、善女人發心走向菩薩道，應該這樣自處、這樣精進修行、這樣降伏妄心。」

■ 「唯然。世尊！願樂欲聞。」

譯 須菩提回答：「是的，世尊，我非常樂意仔細聆聽。」（金剛經第2分）

這就是精進務實的學佛，也是完整眞實的佛學：

● 弟子向佛陀請益佛法。

● 弟子須菩提稱讚佛陀自以前以來，都是善於護持顧念諸菩薩，善於付囑教導諸弟子們。

● 請法內容是：弟子如何安定心靈？未來的每一天要如何把握修行的原則？當妄心生起時要如何降伏？

● 佛陀不迴避弟子的稱讚，並直接肯定回答：我確實就是這樣教導你們，一點也沒錯，佛陀也希望他的弟子們未來也都能向他學習，以後也都會這樣做，這樣去教導他們的弟子。

● 佛陀同時稱讚須菩提，你問的這個問題非常好、非常重要，太好了，這個問題對大家未來的修行與弘法非常重要。

● 現在我就來告訴大家，但你們要仔細聽，用心聽，所有世間的善男子、善女人發心走向菩薩道，都應該這樣自處、這樣精進

修行、這樣降伏妄心。

做爲一個願意奉獻一生，永遠在人間行走，爲人們解答內心的痛苦與煩惱，他們師徒這樣傳承著心靈覺醒的智慧，這就是他們師徒的全部，這也是他們師徒生活的全部，這更是佛法的全部，單純、堅毅，值得令人深思和感動，如果我們閱讀經文，能體會生命也可以建立在這樣「無緣大慈、同體大悲」的基礎上，我們的菩提心就會升起，當你心中的「無門之門」開啟時，漫天芳華將會爲你落下，而佛陀會在那裡與你相遇。

■ 若眾生心，憶佛、念佛，現前當來，必定見佛，去佛不遠；不假方便，自得心開。（楞嚴經）

這正是本書傳達的意思：菩提明心，花開見佛。

附錄

第三十一章
心經

【附錄】

《般若波羅蜜多心經》

唐　三藏法師玄奘　譯

　　觀自在菩薩，行深般若波羅蜜多時，照見五蘊皆空，度一切苦厄。舍利子，色不異空，空不異色，色即是空，空即是色，受想行識，亦復如是。舍利子，是諸法空相，不生不滅，不垢不淨，不增不減，是故空中無色，無受想行識，無眼耳鼻舌身意，無色聲香味觸法，無眼界乃至無意識界，無無明亦無無明盡，乃至無老死亦無老死盡。無苦集滅道，無智亦無得，以無所得故，菩提薩埵，依般若波羅蜜多故，心無罣礙，無罣礙故，無有恐怖，遠離顛倒夢想，究竟涅槃。三世諸佛依般若波羅蜜多故，得阿耨多羅三藐三菩提，故知般若波羅蜜多，是大神咒，是大明咒，是無上咒，是無等等咒，能除一切苦，真實不虛。故說般若波羅蜜多咒，即說咒曰：揭諦，揭諦，波羅揭諦，波羅僧揭諦，菩提薩婆訶。

　　《心經》一直是華人世界經常被念誦、讚嘆的佛經，全經才260個字，因此最常被書寫供奉及擺設在室內，甚至戶外；心經全名為《般若波羅蜜多心經》，亦稱《摩訶般若波羅密多心經》，簡稱《心經》。摩訶（maha），是大、廣大的意思，般若（Prajna）則是超越的智慧，超越一般「人間知識」，而理解完整生命實相的另一種智慧，波羅蜜多

（Paramita）是「度」及「彼岸」之意，從生死輪迴的苦海，到達沒有煩惱，了無罣礙的解脫境界，心（hrdaya）是核心、總持、鑰匙的意思，簡略來說就是透過般若智慧，到達解脫彼岸的核心要義。

■ 觀自在菩薩，行深般若波羅蜜多時，照見五蘊皆空，度一切苦厄。

譯 觀自在菩薩，在一次深深的禪定中，內心已契入如如不動的清靜大圓滿境界。觀自在菩薩再一次用般若智慧觀照有情眾生的內在空性時，清楚地覺知「色、受、想、行、識」這五蘊都具有「空性」，而「空性」具有三種特性：一切事與物的本質都是「無常」和「變動」，世上所有的事與物我們都無法掌控，它們都是因緣和合而生，不具獨存性，只有了解這三點，才能脫離一切痛苦與煩惱。

■ 舍利子！色不異空，空不異色；色即是空，空即是色，受想行識亦復如是。

譯 觀自在菩薩告訴佛陀弟子舍利弗說，世界所有的物質與事物都具備「空性」，甚至可以說，世界所有物質與事物的外在形相與性質，都只是虛妄，他的真實本質就是「空」，用「空」來代表事上一切事與物，可以說是完全正確而且一模一樣；不只是「色」（事與物）是這樣，我們因為接觸到事與物而產生的「感受」、進而產生的「意想」、慢慢形成的「行為」準則、最後聚成腦中的「心識」也都是這樣，受不異空，空不異受，受即是空，空即是受，想不異空，空不異想，想即是空，空即是想……。

■ 舍利子！是諸法空相，不生不滅，不垢不淨，不增不減。

譯 舍利弗，世間一切「法」、一切萬事萬物都具備這種「空性」，所謂的「法」，它不能夠被定義、它不受拘束限制，它

菩提明心花開見佛

並不是「被創造」出來的，也不會「被停止」或「被消滅」，它沒有污垢的概念、也沒有完美無瑕的概念，它們沒有需要一大堆的形容詞，更重要的是，它不必添加甚麼，也不必減少甚麼、修正甚麼，它本身就是個完整的概念，宇宙本質並非增、減的道理，它本身就已經具足究竟圓滿，這是世間一切法的真正性質與內涵，如果企圖用人間已有的一切語言、文字、智慧、名詞與形容詞去描繪「法」，都是不夠完整而侷限的。

■ 是故，空中無色，無受想行識；無眼耳鼻舌身意；無色聲香味觸法；

譯 理解到這樣，所以我們可以說，世上除了這些夢幻泡影，會短暫出現或存在的虛妄相之外，都可以用「諸法空相」來涵蓋，就永遠的性質與內涵而言，其實根本沒有受、想、行、識會永續存在，而我們身體接受這些「色境」所依靠的眼睛、耳朵、鼻子、舌頭、身體和意識、心識，也是一樣，無法固定不變而存續，當然，由我們稱為「六根」的眼耳鼻舌身意，所接觸到環境、事理，因而產生的「六塵」顏色形相、聲音、氣味、味道、觸感、一切事理，也都是這個道理，沒有固定不變、永續存在的基礎。

■ 無眼界，乃至無意識界；無無明，亦無無明盡，乃至無老死，亦無老死盡；

譯 由上述「六根」、「六塵」所產生的判別力、記憶與腦識，我們稱為「六識」-眼識、耳識、鼻識、舌識、身識、意識，這「六根」、「六塵」加上「六識」，合稱「十八界」，這「十八界」通通都具有同樣性質，眼界如此，耳界如此，……意界也是如此，色界如此，聲界如此，……法界也是如此，眼識界如此，耳識界如此，……意識界又何嘗不是如此，因此從眼界到意識界，這「十八界」沒有一天不在改變，都沒有永遠

固定、永續存在的基礎。尤其是「十二因緣」所描述，我們因不能覺知宇宙真相，因而產生的生死循環-無明、行、識、名色、六入、觸、受、愛、取、有、生、老死，這「十二因緣」也都是「緣生法」，全都是無常而且不停在變異，彼此之間的關係只是「此有故彼有、此生故彼生」。

■ 無苦集滅道，無智亦無得。

譯 無論生命有多少苦、這些苦產生的原因、離苦得樂後的寂靜涅槃，以及達成寂靜涅槃的道路與次第，這些苦集滅道概念在「空性」被覺知後，也都沒有再存在的內涵意義。但這般若智慧，真實的生命實相，它本來就存在，有情眾生本來皆具有，不是甚麼新的智慧或特別的智慧，只是被眾生的五蘊-色受想行識給掩蓋了，學佛就好像生病就醫一樣，病好了，健康自然會再度出現，「不是生病帶給你健康」，「不是醫生帶給你健康」，而是健康本來就存在，因為生病，健康才被遮蔽；因此，我們只需要去把病因找出來，去回復我們本來就有健康的身體，這其中沒有「達成」的概念，般若智慧沒有要達成甚麼，只是純粹去覺知無上的真理，這也不是一種「成就」，健康本來就有，不是被創造出來的，也不意味著「我將會因此而得到某些東西」。

■ 以無所得故，菩提薩埵。依般若波羅蜜多故，心無罣礙；無罣礙故，無有恐怖，遠離顛倒夢想，究竟涅槃。

譯 如果是有所得，你的寧靜和你的喜樂是由甚麼東西所引起的，那麼它一定會消失，那個「被引起的」一定具備「空性」，不可能是永恆的。因此我們說諸法本就具足，是一無所得；因為是無所得，沒有要達成甚麼，所以說，一切覺悟的有情眾生，我們必須了解永無休止的欲望，根本無法引導你到任何地方去，只有依止「般若波羅蜜多」，內心才能安住，才能在破

菩提明心花開見佛

除五蘊妄見後，心識沒有思想包袱，才不會被困惑、恐懼與限制，只有達到這樣，才能遠離顛倒、錯看人生實相的虛妄無明相，最後達到寂靜解脫與永恆的喜悅；相反的，如果心有罣礙，我們對死亡、對未知就會存有恐懼，對擁有的一切會擔憂失去與被孤獨，內心就會有所不安，對於生命始終就感到迷惘，這一切都只有依止「般若波羅蜜多」才能內心平靜、清淨，達到究竟圓滿的境界。

■ 三世諸佛，依般若波羅蜜多故，得阿耨多羅三藐三菩提。

譯 除了覺悟的有情眾生，依止「般若波羅蜜多」可以遠離顛倒夢想，達到寂靜涅槃之外，不管是過去成佛、現在成佛、還是未來即將成佛的一切諸佛，也都是依照這些「般若波羅蜜多」的修行，而得到至高無上正等正覺。

■ 故知般若波羅蜜多是大神咒，是大明咒，是無上咒，是無等等咒，能除一切苦，眞實不虛。

譯 因此「般若波羅蜜多」是一切佛法的核心要義，是一切法的總持，此外，這「般若波羅蜜多」也是一種大神咒，具有神奇廣大的般若之力，自在無礙；它也是一種大明咒，像日光明照的般若智慧，可以破無明愚痴，破煩惱黑暗，破邪見戲論；它是無上咒，般若心法在一切法之上，無有能超越的；它更是無等等咒，只因般若能生一切佛，所以無一法能與般若比擬與相等。我們只要依「般若波羅蜜多」修行，必能破無明，照見五蘊皆空，去除一切痛苦與煩惱，這是眞實不假。

■ 故說般若波羅蜜多咒，即說咒曰：揭諦揭諦，波羅揭諦，波羅僧揭諦，菩提薩婆訶。

譯 因此，「般若波羅蜜多咒」就是一切法的心要，我們只能靠自己去喚醒它、去發現它，去點亮它、去照見它，因此我們要度過去、度過去，積極地去「經歷」而超越它！大家一起積極地來經歷並且超越它到彼岸去！完完全全地超越它到彼岸去，這就是般若波羅密多圓滿大智慧的全部。

國家圖書館出版品預行編目資料

菩提明心花開見佛／黃逢徵著. --初版.--臺中
市：白象文化事業有限公司，2021.12
　　面；　公分.——（信念；45）
ISBN 978-626-7056-26-4（精裝）
1.佛教教理 2.佛教修持
220.1　　　　　　　　　　　110017534

信念（45）

菩提明心花開見佛

作　　者　黃逢徵
校　　對　黃逢徵
發 行 人　張輝潭
出版發行　白象文化事業有限公司
　　　　　412台中市大里區科技路1號8樓之2（台中軟體園區）
　　　　　出版專線：（04）2496-5995　　傳眞：（04）2496-9901
　　　　　401台中市東區和平街228巷44號（經銷部）
　　　　　購書專線：（04）2220-8589　　傳眞：（04）2220-8505
專案主編　黃麗穎
出版編印　林榮威、陳逸儒、黃麗穎、水邊、陳婷婷、李婕
設計創意　張禮南、何佳諠
經銷推廣　李莉吟、莊博亞、劉育姍、李如玉
經紀企劃　張輝潭、徐錦淳、廖書湘、黃姿虹
營運管理　林金郎、曾千熏
印　　刷　基盛印刷工場
初版一刷　2021年12月
定　　價　320元